Soldi veloci per gli studenti universitari.

# SOLDI VELOCI PER GLI STUDENTI UNIVERSITARI

A cura di: D.K. Hawkins
Serie "Soldi veloci"
Versione 1.1 ~gennaio 2023
Pubblicato da D.K. Hawkins su KDP
Copyright ©2023 di D.K. Hawkins. Tutti i diritti riservati.

Nessuna parte di questa pubblicazione può essere riprodotta, distribuita o trasmessa in qualsiasi forma o con qualsiasi mezzo, compresi fotocopie, registrazioni o altri metodi elettronici o meccanici o qualsiasi sistema di archiviazione o di recupero di informazioni, senza il previo consenso scritto degli editori, tranne nel caso di brevissime citazioni contenute in recensioni critiche e di alcuni altri usi non commerciali consentiti dalla legge sul copyright.

Tutti i diritti sono riservati, compreso il diritto di riproduzione totale o parziale in qualsiasi forma.

Tutte le informazioni contenute in questo libro sono state accuratamente ricercate e controllate per verificarne l'accuratezza. Tuttavia, l'autore e l'editore non garantiscono, in modo esplicito o implicito, che le informazioni contenute nel presente documento siano adatte a ogni individuo, situazione o scopo e non si assumono alcuna responsabilità per errori od omissioni.

Il lettore si assume il rischio e la piena responsabilità di tutte le azioni. L'autore non sarà ritenuto responsabile di eventuali perdite o danni, conseguenti, accidentali, speciali o di altro tipo, che possano derivare dalle informazioni presentate in questo libro.

Tutte le immagini sono libere di essere utilizzate o acquistate da siti di foto stock o royalty-free per uso commerciale. Per la stesura di questo libro mi sono basato sulle mie osservazioni e su molte fonti diverse; ho fatto del mio meglio per verificare i fatti e dare credito a chi di dovere. Nel caso in cui venga utilizzato del materiale senza il dovuto permesso, vi prego di contattarmi in modo da correggere la svista.

*Le informazioni fornite in questo libro hanno uno scopo puramente informativo e non sono da considerarsi una fonte di consulenza o di analisi del credito in relazione al materiale presentato. Le informazioni e/o i documenti contenuti in questo libro non costituiscono una consulenza legale o finanziaria e non dovrebbero mai essere utilizzati senza aver prima consultato un professionista della finanza per determinare cosa sia meglio per le vostre esigenze individuali.*

*L'editore e l'autore non forniscono alcuna garanzia o altra promessa in merito ai risultati che possono essere ottenuti utilizzando il contenuto di questo libro. Non dovreste mai prendere alcuna decisione di investimento senza aver prima consultato il vostro consulente finanziario e aver condotto le vostre ricerche e la vostra due diligence. Nella misura massima consentita dalla legge, l'editore e l'autore declinano ogni responsabilità nel caso in cui le informazioni, i commenti, le analisi, le opinioni, i consigli e/o le raccomandazioni contenuti in questo libro si rivelino inesatti, incompleti o inaffidabili o comportino perdite di investimento o di altro tipo.*

*Il contenuto di questo libro, o quello reso disponibile, non è inteso e non costituisce consulenza legale o di investimento, e non si instaura alcun rapporto avvocato-cliente. L'editore e l'autore forniscono questo libro e i suoi contenuti "così come sono". L'uso delle informazioni contenute in questo libro è a vostro rischio e pericolo.*

# INDICE DEI CONTENUTI.

INDICE DEI CONTENUTI..............................................................3

INTRODUZIONE. .......................................................................5

CAPITOLO 1: MODI PER FARE SOLDI VELOCEMENTE. ................9

1. VENDERE OGGETTI ONLINE SU SITI COME EBAY. ................9

2. FORNIRE TUTORAGGIO IN UNA MATERIA NELLA QUALE SI ECCELLE. ...............................................................................13

3. VENDERE ARTIGIANATO O PRODOTTI FATTI A MANO SU ETSY O PIATTAFORME SIMILI. ...........................................................17

4. NOLEGGIARE I LIBRI DI TESTO AD ALTRI STUDENTI. ..............21

5. ASTE EBAY. ......................................................................24

6. OFFRIRE SERVIZI DI PET-SITTING O DI DOG-WALKING...........28

7. FARE LAVORI SALTUARI PER LE PERSONE DELLA VOSTRA COMUNITÀ. ...........................................................................31

8. AFFITTARE UNA STANZA O UNA PROPRIETÀ SU AIRBNB.......35

9. FORNIRE SERVIZI FREELANCE................................................43

10. PARTECIPARE A FOCUS GROUP O SONDAGGI A PAGAMENTO. ......................................................................47

11. VENDETE LE VOSTRE FOTO SUI SITI WEB DI FOTOGRAFIA STOCK. ................................................................................53

12. ASSISTENTE PERSONALE O ADDETTO ALLE COMMISSIONI. 57

13. NOLEGGIARE L'AUTO. .....................................................60

14. PARTECIPARE A STUDI CLINICI O A SPERIMENTAZIONI MEDICHE. ................................................................................64

15. SERVIZI DI ASSISTENTE VIRTUALE. ........................................68

16. VENDETE I VOSTRI ABITI O ACCESSORI USATI......................71

17. VENDERE LE PROPRIE COMPETENZE DI TUTORAGGIO O INSEGNAMENTO SU SITI WEB.......................................................74

18. SCRITTORE O REDATTORE FREELANCE. ...............................77

19. OPPORTUNITÀ ONLINE RETRIBUITE E MODELLISMO. .........80

20. MARKETING DEGLI ARTICOLI. ...............................................83

21. SITI WEB DI MICROLAVORO....................................................87

22. PROGRAMMI DI AFFILIAZIONE. ............................................92

23. GOOGLE ADSENSE...................................................................97

24. TRASCRITTORI A DOMICILIO. ...............................................101

25. BARTENDING...........................................................................104

26. PARTECIPARE A STAGE O APPRENDISTATI RETRIBUITI. .....107

27. LAVORI DA FREELANCE E GIG ECONOMY. ..........................114

CAPITOLO 2: PASSI PER INIZIARE A FARE SOLDI VELOCEMENTE. ....................................................................................................120

CONCLUSIONE. ............................................................................125

# INTRODUZIONE.

Sei uno studente universitario che vuole migliorare la propria vita facendo soldi velocemente? Non ti biasimo, amico mio, perché capisco quanto possano essere impegnativi dal punto di vista finanziario gli anni dell'università. Ora puoi smettere di preoccuparti, perché ti spiegherò come gli studenti universitari possono guadagnare velocemente senza interferire con la loro istruzione.

Se avete un minimo di dimestichezza con Internet, come sono certo che facciate, vi sarete sicuramente imbattuti in innumerevoli annunci di opportunità di guadagno online. Sfortunatamente, la maggior parte di questi annunci sono schemi fraudolenti progettati per rubare il vostro denaro.

Come sicuramente già saprete, se qualcuno vi assicura che potete guadagnare decine di migliaia di dollari senza fare alcun lavoro, sta cercando di frodarvi. Tuttavia, esistono modi legittimi per guadagnare velocemente senza lavorare a tempo pieno.

Come probabilmente già sapete, migliaia di organizzazioni, dalle grandi aziende alle piccole imprese, fanno pubblicità su Internet. Queste aziende sono più che felici di compensare le persone che le assistono nei loro sforzi pubblicitari.

Pertanto, dovrete impegnarvi un po' per ottenere questo denaro veloce, ma si tratta di un compito relativamente facile che non richiede molto del vostro tempo.

Avrei voluto conoscere questa opportunità di guadagno già all'università; avrebbe fatto un mondo di differenza durante i miei anni di studio. Se siete interessati a questo semplice approccio per guadagnare soldi extra, vorrete naturalmente individuare le aziende che pagano di più. C'è solo una risposta, che dovete ottenere.

Come studenti universitari, a volte ci si può trovare ad avere bisogno di più fondi. Per gli studenti universitari esistono molte possibilità di generare denaro rapidamente, sia che debbano pagare i libri di testo, l'affitto o semplicemente desiderino un po' di denaro in più da spendere. Questo libro esamina diverse opportunità per gli studenti universitari in cerca di un'entrata extra. Verranno illustrati molti modi efficienti per fare soldi, dai lavori part-time nei campus ai lavori da freelance e ai lavoretti dell'economia dei lavoretti.

Una cosa da ricordare è che non tutti troveranno queste soluzioni adatte o accessibili. Alcune possono richiedere conoscenze o esperienze specifiche, mentre altre possono essere accessibili solo in determinate regioni. Prima di impegnarsi in un'opportunità, è essenziale valutarne a fondo i potenziali rischi e benefici.

Tenendo conto di ciò, esaminiamo molte opportunità di guadagno rapido per gli studenti universitari.

Spero che questa risorsa possa fornirvi informazioni e idee utili per esaminare le vostre possibilità di guadagno extra.

Buona lettura.

# CAPITOLO 1: MODI PER FARE SOLDI VELOCEMENTE.

## 1. VENDERE OGGETTI ONLINE SU SITI COME EBAY.

Gli studenti universitari possono vendere oggetti su mercati online come eBay o Poshmark per guadagnare velocemente. Si tratta di un'ottima alternativa per gli studenti che possiedono capi di abbigliamento, accessori e altri beni usati in modo non più necessario o non più utilizzabili. Potreste raggiungere un vasto pubblico e generare un profitto sostanziale inserendo questi oggetti su un mercato online.

Per iniziare, è necessario registrare un account di venditore sulla piattaforma scelta. Questa procedura richiede normalmente di fornire informazioni personali, come il nome e le informazioni di contatto. È inoltre necessario stabilire un meccanismo di pagamento, come un conto PayPal, per riscuotere i pagamenti dagli acquirenti.

Una volta creato l'account, si può iniziare a mettere in vendita gli oggetti. Fate attenzione a scattare immagini dei vostri oggetti ben illuminate e a fornire descrizioni accurate e descrittive. Includete le opzioni di pagamento e di spedizione che preferite e le eventuali politiche di rimborso o di cambio.

Fornire costantemente un servizio clienti di qualità superiore è essenziale per il vostro successo come venditori online. Ciò significa rispondere rapidamente alle richieste di informazioni, essere chiari e trasparenti sulle proprie politiche e mantenere le promesse fatte ai clienti.

Inoltre, dovreste essere disposti ad andare oltre per garantire che i vostri consumatori siano soddisfatti dei loro acquisti. Ciò può includere la fornitura di ulteriori informazioni sull'oggetto e di nuove fotografie o la risposta a qualsiasi domanda dell'acquirente.

Oltre a vendere gli oggetti che non si desiderano più o di cui si ha bisogno, si può anche valutare l'acquisto di oggetti da negozi dell'usato, vendite in garage e altre fonti. Assicuratevi di condurre una ricerca adeguata e di acquistare solo prodotti in buono stato e che possano essere venduti bene. Questo è un ottimo approccio per trovare prodotti rari o difficili da trovare da rivendere con profitto.

È inoltre possibile migliorare le vendite su un mercato online ottimizzando le inserzioni per i motori di ricerca. Questo comporta l'inserimento di parole chiave importanti nei titoli, nelle descrizioni, nei tag e nelle categorie. Considerate l'utilizzo di hashtag pertinenti sui social media per pubblicizzare le vostre inserzioni e attirare potenziali acquirenti.

Vendere prodotti online, come eBay o Poshmark, può essere un'ottima opzione per gli studenti universitari per ottenere un guadagno veloce.

Potete convertire i vostri prodotti usati in un'attività secondaria redditizia offrendo continuamente un servizio clienti eccezionale e ottimizzando le vostre inserzioni per la ricerca.

Sia che si vendano oggetti che non servono più o che si usano, sia che si trovino oggetti da rivendere, gli studenti universitari che desiderano guadagnare velocemente attraverso le vendite su Internet hanno molte opzioni. Si tratta quindi di un'opzione eccellente per gli studenti universitari.

## 2. FORNIRE TUTORAGGIO IN UNA MATERIA NELLA QUALE SI ECCELLE.

Come studenti universitari, potete eccellere in alcune materie e allo stesso tempo cercare metodi per guadagnare denaro extra. Si può pensare di offrire servizi di tutoraggio in una materia in cui si eccelle.

Dare ripetizioni può essere un modo rapido per fare soldi in fretta, soprattutto se si comprende a fondo una materia e si è in grado di esprimerla e insegnarla bene. Esistono molti modi per fornire servizi di tutoraggio e potete personalizzare il vostro approccio in base alle vostre esigenze e ai vostri obiettivi specifici.

Ecco alcuni suggerimenti per iniziare una carriera di tutoraggio:

Determinate i vostri punti di forza: in quali discipline eccellete? Ci sono alcuni argomenti all'interno di queste discipline in cui vi sentite molto sicuri? L'identificazione dei vostri punti di forza può aiutarvi a concentrarvi sulle discipline in cui potete fornire il massimo valore come tutor.

Scoprite la vostra disponibilità: Considerate la quantità di tempo che potete dedicare al tutoraggio. Siete disponibili a dare ripetizioni per qualche ora alla settimana o preferite impegnarvi in sessioni intensive? La determinazione della vostra disponibilità vi consentirà di strutturare i servizi di tutoraggio nel modo più vantaggioso.

Stabilite le tariffe: Stabilite l'importo che desiderate far pagare per le sessioni di tutoraggio. Ricordate che dovreste chiedere una cifra sufficiente a coprire il vostro tempo e il vostro lavoro, pur rimanendo competitivi rispetto agli altri tutor locali. Dovreste anche considerare la possibilità di offrire sconti ai clienti di lunga data o a quelli che ritornano.

Esistono diversi metodi per promuovere i vostri servizi di tutoraggio. Potete fare pubblicità sui social media, distribuire volantini nel campus o contattare gli studenti via e-mail o di persona. Considerate la possibilità di iscrivervi a una piattaforma di tutoraggio, come TutorMe o Skooli, che vi aiuterà a entrare in contatto con i potenziali clienti.

La chiave per gestire un'attività di tutoraggio di successo è sviluppare buone relazioni con i clienti. Siate disponibili, cortesi e professionali e ascoltate le esigenze e gli obiettivi dei vostri clienti. Stabilire un buon rapporto con i clienti può farli sentire più a loro agio e fiduciosi nel loro apprendimento, con conseguente miglioramento dei risultati e maggiore felicità.

In generale, fornire servizi di tutoraggio in una materia in cui si eccelle può essere un'ottima opzione per gli studenti universitari per guadagnare velocemente. Riconoscendo i vostri punti di forza, definendo la vostra disponibilità, fissando i prezzi, pubblicizzando i vostri servizi e stabilendo un solido rapporto con i vostri clienti, potete costruire un'attività di tutoraggio di successo che vi aiuti a raggiungere i vostri obiettivi finanziari. Pertanto, questo è un approccio eccellente per gli studenti universitari per fare soldi.

# 3. VENDERE ARTIGIANATO O PRODOTTI FATTI A MANO SU ETSY O PIATTAFORME SIMILI.

Vendere artigianato o prodotti fatti a mano su Etsy o altri siti web simili può essere un ottimo metodo per gli studenti universitari per guadagnare velocemente. Oltre a permettere di utilizzare le proprie capacità creative, è possibile stabilire gli orari e lavorare alla propria velocità.

Prima di avviare un'impresa, è essenziale condurre ricerche e preparare un piano. Ecco alcuni suggerimenti per iniziare:

Scegliete la vostra specialità: Determinate il tipo di articoli o prodotti fatti a mano che desiderate offrire. Scegliete una nicchia che vi entusiasmi e in cui abbiate esperienza. Potrebbe trattarsi di gioielli, decorazioni per la casa, abbigliamento o anche articoli di cartoleria.

Determinate il vostro mercato di riferimento: a chi intendete vendere i vostri prodotti artigianali? Nell'identificare il vostro mercato di riferimento tenete conto dell'età, del sesso, della geografia e degli hobby.

Stabilite i prezzi: Determinate il prezzo dei vostri oggetti o prodotti artigianali in base al tempo e ai materiali necessari per realizzarli e alla domanda del mercato.

Sviluppare un marchio: Scegliete un nome e disegnate un logo per la vostra azienda. Considerate l'immagine che volete trasmettere e la percezione che i vostri clienti hanno di voi.

Create un account di venditore su Etsy o su una piattaforma equivalente e create il vostro negozio. È necessario creare un profilo, aggiungere prodotti e prezzi e selezionare le opzioni di pagamento e spedizione.

Scattare fotografie di alta qualità è essenziale per vendere i vostri prodotti artigianali o online. Utilizzate un'illuminazione naturale e uno sfondo di base e, se il vostro budget lo consente, prendete in considerazione la possibilità di assumere un fotografo professionista.

Utilizzate un linguaggio descrittivo per attirare l'attenzione dei potenziali acquirenti e mettete in risalto le qualità uniche dei vostri oggetti di artigianato o prodotti quando scrivete le descrizioni dei prodotti.

Fornite un servizio clienti eccezionale: Rispondete immediatamente alle richieste di informazioni e siate pronti a fare il possibile per garantire la soddisfazione del cliente. Questo può aiutare a stabilire la fiducia e la fedeltà dei clienti.

Utilizzate l'e-mail marketing, i social media e altre tattiche di marketing per acquisire nuovi clienti e promuovere la vostra azienda.

Continuare a studiare: Continuate a svilupparvi come imprenditori e a tenervi aggiornati sulle tendenze della nicchia. Questo può aiutare il vostro studio a rimanere competitivo e a continuare a svilupparsi.

Vendere artigianato o prodotti fatti a mano su Etsy o su piattaforme simili può essere un metodo gratificante e redditizio per gli studenti universitari per guadagnare rapidamente denaro extra. È possibile trasformare la propria passione in un'attività redditizia con la mentalità e le tecniche adeguate.

# 4. NOLEGGIARE I LIBRI DI TESTO AD ALTRI STUDENTI.

Chi studia all'università sa bene quanto possano essere costosi i libri di testo. A causa delle tasse scolastiche, dell'affitto e di altre spese, può essere difficile permettersi il materiale didattico necessario. È qui che entra in gioco il noleggio dei libri di testo ad altri studenti. Non solo può aiutare a guadagnare un po' di più, ma può anche aiutare gli studenti che cercano di pagare i costosi libri di testo.

Come potete noleggiare i vostri libri di testo ad altri studenti? Ecco alcuni passaggi che vi aiuteranno a cominciare:

Raccogliere i libri: Fate un inventario di tutti i testi dei semestri precedenti e dei corsi in corso. Create un elenco dei titoli, degli autori e dei numeri di edizione per poterli consultare facilmente quando noleggiate i libri.

Una delle componenti essenziali del noleggio dei libri di testo è la determinazione del prezzo di noleggio. Iniziate con una ricerca sul valore di mercato attuale dei libri di testo per determinarne il valore. Potete anche confrontare i prezzi presso la libreria della vostra scuola o su siti web come Amazon ed eBay. Ricordate che dovrete offrire prezzi non solo competitivi, ma anche vantaggiosi.

Una volta stabilito il prezzo che desiderate applicare ai vostri libri di testo, è il momento di fare un annuncio. Molti siti e piattaforme sono dedicati al noleggio di libri di testo, come TextbookRush e CampusBookRentals. È sufficiente registrarsi, elencare i libri di testo e scegliere la tariffa di noleggio. Includete dettagli approfonditi sulle condizioni dei vostri libri di testo ed eventuali commenti o evidenziazioni.

Una volta che le inserzioni sono attive, è il momento di iniziare a commercializzarle agli altri studenti. Potete farlo utilizzando i social media, gli opuscoli del campus o semplicemente avvisando i vostri coetanei e conoscenti dei vostri servizi di noleggio. Maggiore è il numero di persone a conoscenza dei vostri affitti, maggiore è la probabilità di trovare inquilini.

È essenziale gestire in modo efficiente il processo di affitto una volta trovato un inquilino. Assicuratevi che i vostri inquilini conoscano le condizioni di affitto, comprese le scadenze e le eventuali multe per ritardi. Potete anche prendere in considerazione l'utilizzo di un contratto di affitto per descrivere esplicitamente le condizioni di affitto e proteggervi da potenziali problemi.

Affittare i propri libri di testo ad altri studenti è un modo fantastico per guadagnare soldi extra e aiutare i propri amici. Con un po' di impegno e di organizzazione, è possibile trasformare rapidamente i libri di testo inutilizzati in una redditizia attività secondaria.

# 5. ASTE EBAY.

eBay è senza dubbio il più grande mercato, con oltre 212 milioni di utenti registrati e 19 milioni di oggetti in vendita in qualsiasi momento. Trovate un oggetto interessante, mettetelo in vendita con un prezzo di partenza e osservate la magia che si scatena.

In soli due giorni, potreste raccogliere enormi benefici. Pertanto, eBay è una delle migliori opzioni per gli studenti universitari per generare reddito. Ogni studente può essere sulla buona strada per ottenere un reddito part-time o addirittura un'attività a tempo pieno con pochi passi e il giusto livello di perseveranza.

Qualcuno avrà dei rifiuti preziosi in giro. Prima di entusiasmarsi troppo, è necessario acquisire un prodotto. Se siete all'università, avete accesso a molte risorse gratuite. Ogni studente universitario è sempre desideroso di fare soldi velocemente, quindi esaminate le bacheche degli studenti e informatevi a livello locale. Provate a mettere annunci su Craigslist o MySpace; questi siti sono eccellenti per trovare oggetti indesiderati.

Se utilizzate il drop shipping, cercate di limitare i costi generali. Inoltre, potete indagare sulle vendite in garage, sui negozi dell'usato e persino sulle vendite di beneficenza in chiesa e, se siete in difficoltà, considerare siti web come Overstock.com (un sito di sconti) e Doba.com (un sito di dropshipping all'ingrosso). Questi siti applicano tariffe estremamente elevate per i loro servizi, rendendo estremamente difficile generare un profitto.

Successivamente, è necessario creare un account di venditore eBay. eBay richiede la creazione di un account sia per l'acquirente che per il venditore per poter vendere. Inserite le informazioni personali richieste, un indirizzo e-mail valido e il numero di una carta di credito o di un conto bancario per convalidare la vostra identificazione, e il gioco è fatto.

È necessario registrare un conto PayPal anche se è possibile selezionare il metodo di pagamento. È il metodo di pagamento principale su eBay. Una volta preparato l'account, si può iniziare.

La maggior parte dei venditori eBay ha descritto l'inserzione dei prodotti come un'arte e una scienza. Chi ha già familiarità con l'HTML di siti come MySpace troverà semplice creare inserzioni. Tuttavia, se non avete dimestichezza con la codifica, eBay mette a disposizione un editor HTML semplice da usare. Piuttosto che affidarsi ai servizi aggiornati di eBay, consiglio di utilizzare il più possibile l'HTML per migliorare l'aspetto visivo dell'inserzione.

I servizi di eBay sono utili per l'oggetto giusto, ma possono diventare costosi nel tempo. Provate a caricare le vostre immagini su un sito web gratuito di image-hosting, come imageshack.us o freeimagehosting.net, e includete il link nel vostro HTML. Questo vi permetterà di utilizzare molte immagini senza dover acquistare un costoso pacchetto di immagini eBay.

Le fasi finali comprendono l'inserimento delle condizioni di prezzo, delle condizioni di spedizione e della durata dell'asta. Non scoraggiatevi se non ci sono offerenti per i primi giorni; la maggior parte degli offerenti preferisce fare offerte nelle ultime 24 ore. In genere questo periodo è frenetico, quindi cercate di addolcire la transazione con altri incentivi. Rilassatevi e lasciate che i clienti vengano da voi.

# 6. OFFRIRE SERVIZI DI PET-SITTING O DI DOG-WALKING.

Se amate passare del tempo con gli animali e siete alla ricerca di un modo semplice per guadagnare velocemente, il pet-sitting e il dog-walking potrebbero essere la vostra occupazione ideale. Soprattutto nelle aree metropolitane, dove le persone possono non avere il tempo o la capacità di esercitare i loro animali domestici di routine, questi servizi sono molto richiesti. Ecco alcuni suggerimenti per avviare un'attività di pet-sitting o dog-walking:

Vi rivolgete a professionisti impegnati che hanno bisogno di qualcuno che porti a spasso il loro cane durante il giorno? Oppure desiderate fornire ai proprietari di animali in vacanza un'assistenza notturna? Conoscere il vostro mercato di riferimento vi permette di concentrare gli sforzi di marketing e di fissare i prezzi.

Stabilite le tariffe: Stabilite il prezzo che chiederete per i vostri servizi. Considerate la vostra esperienza, il numero di animali di cui vi prenderete cura e la durata del vostro tempo con loro. Considerate il vostro tempo e le vostre spese, come quelle di trasporto.

Considerate l'acquisto di un'assicurazione di responsabilità civile per proteggere voi stessi e la vostra attività da incidenti o lesioni. Come per ogni attività commerciale, è essenziale creare un aspetto professionale. A tal fine è necessario creare un sito web, biglietti da visita e un logo.

Esistono molti metodi per promuovere la vostra attività di pet-sitting o dog-walking. Potete contattare i potenziali clienti attraverso siti di social media come Facebook, Instagram, giornali locali e bacheche della comunità. Potete anche contattare i negozi di animali e i veterinari locali per vedere se sono disposti ad affiggere volantini o a suggerire clienti.

Stabilire un solido rapporto con i clienti è fondamentale per il successo del vostro servizio di pet-sitting o dog-walking. Arrivate puntuali e rispettate le istruzioni o le procedure stabilite dal proprietario dell'animale. È inoltre consigliabile fornire ai clienti aggiornamenti e immagini durante la loro assenza, per garantire loro la massima tranquillità.

Una volta sviluppata una base di clienti stabile, si può provare ad ampliare la propria offerta. Potreste fornire servizi come la toelettatura o l'addestramento dei cani e servizi di pet sitting o dog walking per gatti o uccelli.

I servizi di pet sitting e dog walking possono essere attività redditizie e gratificanti per gli studenti universitari. Seguendo queste linee guida, potrete creare un'attività redditizia e duratura che vi permetta di fare qualcosa che vi piace e allo stesso tempo di ottenere altre entrate.

# 7. FARE LAVORI SALTUARI PER LE PERSONE DELLA VOSTRA COMUNITÀ.

Come studente universitario, avere una piccola somma di denaro veloce è di solito vantaggioso. Offrire lavori saltuari alle persone del proprio quartiere è un modo per guadagnare velocemente. Questi lavori possono includere la manutenzione del giardino, la spalatura della neve e le pulizie.

La manutenzione del prato è un'esigenza di molte comunità, soprattutto nei mesi più caldi. Le persone che non hanno tempo o energia per curare il proprio prato possono essere disposte ad assumere qualcuno per conto loro.

Se vi piace stare all'aria aperta e avete un'attitudine al giardinaggio, questo potrebbe essere un ottimo modo per guadagnare velocemente. Potete fornire servizi di taglio, rifinitura, bordatura e controllo delle erbacce.

Durante l'inverno, spalare la neve è un altro lavoro che può essere molto richiesto. Se vivete in una zona dove le nevicate sono abbondanti, potete guadagnare molto spalando i vialetti e i marciapiedi dei vicini. Questo è particolarmente vero se si possiede uno spazzaneve affidabile o altre attrezzature per accelerare il processo.

Le pulizie sono un altro servizio che molte persone sono disposte a pagare, soprattutto se sono troppo impegnate per farlo da sole. Potete offrire servizi di pulizia generale e di pulizia profonda. Prendete in considerazione la possibilità di offrire servizi speciali come la pulizia dei tappeti e il lavaggio dei vetri.

Quando si offrono lavori saltuari nella propria comunità, è essenziale essere professionali, affidabili e disponibili. Assicurate una comunicazione chiara con i clienti riguardo alla vostra disponibilità e ai vostri servizi. Inoltre, dovreste essere disposti a collaborare con i vostri clienti per sviluppare un piano che corrisponda alle loro esigenze e al loro budget.

Un approccio per distinguere i vostri lavori saltuari è quello di offrire prezzi competitivi. Prendete in considerazione l'idea di offrire sconti per i clienti abituali o referenziati, dopo aver fatto una ricerca sui prezzi di servizi simili nella vostra regione. Potreste anche valutare la vendita di pacchetti o bundle per facilitare ai clienti l'acquisto di più servizi contemporaneamente.

È possibile avere un flusso di lavoro costante promuovendo ottimi rapporti con la clientela. Inoltre, potete distinguervi andando oltre i limiti della vostra clientela. Ciò potrebbe comportare l'esecuzione di altre attività non previste dal contratto originale, oppure semplicemente essere ricettivi nei confronti dei desideri e delle preoccupazioni dei clienti.

Infine, è fondamentale dare priorità alla sicurezza quando si offrono lavori saltuari. Seguite le procedure di sicurezza adeguate e indossate i dispositivi di protezione necessari. Inoltre, è prudente stipulare un'assicurazione per la responsabilità civile in caso di incidenti o infortuni sul lavoro.

Offrire lavori saltuari come la cura del prato, la rimozione della neve e le pulizie può essere un modo fantastico per gli studenti universitari di guadagnare velocemente. Professionalità, affidabilità e cordialità vi permetteranno di sviluppare un'attività redditizia e di fornire servizi vitali alla comunità.

# 8. AFFITTARE UNA STANZA O UNA PROPRIETÀ SU AIRBNB.

Airbnb, una famosa piattaforma che permette ai privati di affittare le proprie case o stanze agli ospiti, è un'opzione da esaminare. Come metodo per gli studenti universitari per guadagnare denaro extra e conoscere nuove persone in tutto il mondo, Airbnb è cresciuto in popolarità.

Come studente universitario, ospitare su Airbnb ha molti vantaggi. La libertà che deriva dall'ospitare è uno dei suoi maggiori vantaggi. Se avete un'agenda fitta di impegni, potete scegliere quando mettere a disposizione la vostra casa e quanto spesso ospitare. Ospitare su Airbnb può anche essere un'ottima occasione per conoscere nuove persone e scoprire nuove culture. Inoltre, c'è la possibilità di guadagnare denaro extra, il che può essere particolarmente vantaggioso per gli studenti universitari.

Se sei uno studente universitario interessato a ospitare su Airbnb, devi compiere alcuni passi per iniziare. Innanzitutto, è necessario creare un profilo sul sito web di Airbnb. Questo comporta la creazione di un annuncio per il vostro spazio, completo di dimensioni, servizi e informazioni sulla posizione. Dovete anche decidere un prezzo ragionevole per il vostro annuncio, considerando il costo della vita nella vostra località e la domanda di affitti.

Una volta che il vostro annuncio è attivo, potete adottare alcuni metodi per diventare un host di successo. Mantenere un ambiente pulito e curato è uno dei compiti più importanti. Ciò contribuirà ad attirare gli ospiti e a garantirne la soddisfazione.

Inoltre, è fondamentale rispondere alle richieste degli ospiti e stabilire una comunicazione efficace. Ciò può comportare la necessità di rispondere alle richieste di informazioni sul luogo e sulla regione circostante e di essere disponibili ad affrontare qualsiasi difficoltà.

Airbnb può essere un'ottima opportunità per guadagnare velocemente e fare esperienza, ma ci sono anche possibili problemi da considerare. Integrare le responsabilità di accoglienza con gli impegni scolastici può essere uno degli ostacoli maggiori. È necessario dedicare tempo sufficiente sia agli studi che alle attività di accoglienza. Dovete anche essere pronti a gestire le aspettative degli ospiti e ad affrontare i potenziali problemi.

Seguire le leggi e i regolamenti locali è uno dei fattori più importanti da considerare come host Airbnb per studenti universitari. È essenziale essere informati sulle leggi e i regolamenti locali in materia di affitti a breve termine, come ad esempio le norme urbanistiche e i requisiti per le licenze commerciali. Alcune località possono limitare il numero di giorni in cui una casa può essere affittata all'anno o richiedere agli host di registrare i loro annunci presso il comune o la contea.

Oltre a rispettare le leggi e i regolamenti locali, dovete essere a conoscenza di tutte le norme e i regolamenti stabiliti dal vostro padrone di casa o dall'organizzazione dei proprietari di casa. Prima di ospitare su Airbnb, se affittate un appartamento o vivete in un dormitorio, potete richiedere l'autorizzazione del vostro padrone di casa. Allo stesso modo, se vivete in una comunità governata da un'associazione di proprietari di casa, vi può essere richiesto di aderire a determinate regole di hosting.

La gestione delle finanze è un altro aspetto essenziale quando si ospita su Airbnb come studente universitario. Tenere traccia delle entrate e delle uscite e mettere da parte una parte dei guadagni per le tasse è essenziale. In alcune località, Airbnb raccoglie e versa le tasse per conto dei suoi host, ma è sempre consigliabile consultare un professionista fiscale per garantire la conformità con tutte le normative fiscali applicabili.

Infine, è essenziale conoscere i rischi dell'ospitalità su Airbnb. Sebbene la piattaforma abbia preso delle precauzioni per salvaguardare la sicurezza degli host e dei visitatori, esiste sempre la possibilità di danni alla proprietà o di lesioni personali.

Per ridurre questi rischi, è consigliabile stabilire e spiegare ai propri ospiti una serie di regole chiare. È inoltre possibile tutelare se stessi e la propria proprietà stipulando un'assicurazione.

Gli studenti universitari possono guadagnare soldi extra e fare esperienze fondamentali ospitando su Airbnb. È possibile vivere un'esperienza piacevole e di successo rispettando le norme e i regolamenti locali, gestendo i propri fondi ed essendo consapevoli dei rischi.

Come host di Airbnb, avete la possibilità di incontrare persone da tutto il mondo e di sviluppare relazioni possibilmente durature. Potete anche stabilire i vostri prezzi e la vostra disponibilità per determinare quando e quanto desiderate guadagnare.

Prima di iniziare ad affittare la vostra proprietà su Airbnb, dovreste considerare quanto segue:

A seconda del luogo in cui si vive, possono esistere leggi e restrizioni specifiche sugli affitti a breve termine. Assicuratevi di essere a conoscenza di tutte le leggi applicabili e di ricevere tutti i permessi o le licenze necessari.

Se qualcosa va storto durante il soggiorno di un ospite, è essenziale avere la giusta copertura assicurativa. La Garanzia Host di Airbnb copre fino a 1.000.000 di dollari di perdite. Tuttavia, potrebbe essere prudente studiare ulteriori opzioni assicurative.

Impostazione dell'annuncio: Un annuncio ben scritto e visivamente accattivante è uno dei componenti più importanti per attirare gli ospiti. Siate schietti e onesti sui servizi e sulle aspettative che avete per i vostri ospiti. Includete fotografie della vostra location e una spiegazione esauriente dei servizi che offrite.

Determinate un prezzo ragionevole per il vostro spazio in base alla sua posizione, alle sue dimensioni e alle sue caratteristiche. Ricordate che Airbnb prende una parte del vostro guadagno, quindi assicuratevi di fissare un prezzo adeguato. Potete anche offrire sconti per soggiorni più lunghi o per prenotazioni dell'ultimo minuto per aumentare la probabilità di riempire il vostro programma.

Una comunicazione efficace con i vostri ospiti Airbnb è essenziale per un'esperienza positiva. Prendete in considerazione l'idea di creare un manuale della casa che contenga informazioni sul vostro alloggio e sulle regole o le aspettative dei visitatori. Rispondete rapidamente alle richieste e assicuratevi che le istruzioni di accesso siano chiare.

Mantenere un ambiente pulito e curato è fondamentale per attirare e mantenere i clienti. Prima e dopo il soggiorno di ogni ospite, eseguite una pulizia accurata e prendete in considerazione la possibilità di fornire extra come lenzuola e asciugamani puliti.

Sicurezza: Garantire la sicurezza dei vostri ospiti è della massima importanza. Considerate la possibilità di offrire un kit di pronto soccorso e di assicurarvi che la vostra struttura sia dotata di allarmi antifumo. Potete anche acquistare una cassetta di sicurezza o una serratura intelligente per facilitare l'accesso degli ospiti al vostro spazio.

In qualità di studenti universitari, potete affittare con successo e con profitto una stanza su Airbnb rispettando le linee guida sopra citate e comportandovi da host amichevoli e reattivi. Non solo potrete guadagnare rapidamente, ma avrete anche la possibilità di conoscere persone interessanti e magari di instaurare relazioni durature.

# 9. FORNIRE SERVIZI FREELANCE.

Uno dei modi più semplici per gli studenti universitari di guadagnare rapidamente è quello di fornire servizi di freelance in base a un talento che possiedono. Che si tratti di scrittura, design grafico o gestione dei social media, le persone e le aziende sono sempre alla ricerca di persone di talento che le assistano nelle loro iniziative.

La flessibilità è uno dei vantaggi di fornire servizi indipendenti. È possibile scegliere i progetti su cui lavorare e stabilire il proprio orario, consentendo di gestire il proprio lavoro con la propria istruzione e altri obblighi.

Inoltre, il lavoro da freelance può essere un ottimo metodo per raccogliere esperienze e costruire un portfolio, che può essere particolarmente vantaggioso per gli studenti che desiderano entrare in un determinato settore dopo la laurea.

Ci sono alcuni accorgimenti che si possono adottare per iniziare a prendere in considerazione l'idea di fornire servizi di freelance. Innanzitutto, considerate le vostre capacità e il tipo di carriera che vi interessa.

Siete degli scrittori efficaci?

Siete in grado di creare una grafica esteticamente accattivante?

Avete esperienza nella gestione di account di social media?

Dopo aver identificato i vostri punti di forza, è il momento di iniziare a costruire il vostro portfolio. Questo può contenere esempi del vostro lavoro precedente e dei vostri corsi e progetti pertinenti.

Ci sono molte opzioni per trovare lavori da freelance. Una possibilità è quella di creare un profilo su una piattaforma di freelance, come Upwork, Fiverr o Freelancer. Queste piattaforme consentono di fare offerte di lavoro e di interagire con clienti internazionali. Potete anche contattare direttamente aziende e privati locali per offrire i vostri servizi. Anche amici, parenti e compagni di classe possono essere risorse utili per trovare lavori freelance.

Quando si lavora con i clienti, è essenziale essere affidabili e professionali. Ciò significa stabilire obiettivi e tempi chiari, comunicare costantemente e produrre un lavoro di alta qualità. Inoltre, per tutelare voi e il vostro cliente, è prudente stipulare un contratto. Questo può includere l'ambito del progetto, i termini di pagamento e altri elementi da concordare.

È necessario considerare le implicazioni finanziarie del freelance e le questioni pratiche. In quanto studenti universitari, il budget a disposizione può essere limitato, quindi è essenziale tenere d'occhio le spese e stabilire i prezzi dei servizi di conseguenza. Poiché tutti i lavoratori autonomi sono responsabili del pagamento delle tasse, può essere vantaggioso accantonare una percentuale del proprio guadagno a questo scopo.

Fornire servizi di freelance può essere un ottimo metodo per gli studenti universitari per guadagnare rapidamente, facendo esperienza e sviluppando il proprio talento. Con un po' di organizzazione e di impegno, è possibile trasformare le proprie capacità in un'attività freelance di successo.

# 10. PARTECIPARE A FOCUS GROUP O SONDAGGI A PAGAMENTO.

La priorità numero uno di ogni studente universitario sono gli studi. Deve essere sempre questa e mai nient'altro. Tuttavia, ci saranno momenti in cui dovrete ricoprire due ruoli: studente e impiegato part-time. È qui che si manifestano le difficoltà dell'essere studente.

Esistono modi legittimi per guadagnare attraverso la partecipazione ai sondaggi, ma la domanda più importante è perché gli studenti universitari dovrebbero prendere seriamente in considerazione questa offerta. Le spiegazioni che seguono spiegheranno perché:

Innanzitutto, si tratta di una professione che gli studenti universitari possono svolgere. È così semplice che si può svolgere a casa, lontano dal proprio capo e dai colleghi. Inoltre, non richiede obblighi e impegni eccessivi da parte vostra.

Avete la possibilità di partecipare o meno ai sondaggi. Semplicemente, completate i sondaggi quando siete in vena e passate oltre quando non lo siete. È tutto qui! Potete lavorare quando vi è più comodo e, se al momento non vi piace partecipare ai sondaggi, avete la possibilità di saltarli.

In secondo luogo, i sondaggi retribuiti per gli studenti universitari offrono rendimenti migliori rispetto a un tipico lavoro nella zona circostante la città universitaria. Se ci pensate, capirete che i sondaggi retribuiti pagano più del salario minimo.

Nonostante la volubilità e la variabilità del lavoro, è comunque considerata una posizione ideale per uno studente universitario come voi. Trovare un lavoro a tempo pieno nel mondo reale sarebbe più difficile se si dedicano solo poche ore alla settimana alla propria posizione part-time. Pertanto, un sondaggio retribuito online offre maggiori vantaggi.

Oltre a guadagnare dai sondaggi completati, gli studenti universitari che partecipano ai programmi di sondaggi retribuiti hanno anche l'opportunità di essere compensati per testare i prodotti. Si può pensare che le organizzazioni che includono i test sui prodotti nei loro servizi non paghino abbastanza, ma bisogna considerare queste prospettive in modo positivo.

Alcune società di ricerche di mercato consentono di testare i prodotti, che sono strettamente correlati a quelli disponibili per l'acquisto. Si tratta, tra l'altro, di snack, trucchi e prodotti per capelli.

Dopo le spiegazioni di cui sopra, è probabile che si ponga la questione delle entrate. Quanto si guadagna con i sondaggi retribuiti?

Con la disponibilità di truffe di sondaggi retribuiti per studenti, è difficile stabilire se si riuscirà a guadagnare una quantità sostanziale di denaro. Tuttavia, questi sondaggi studenteschi a pagamento fraudolenti non dovrebbero ostacolare il progresso. Esiste ancora un gran numero di organizzazioni di sondaggi online legittime e prontamente pagate.

La registrazione a più organizzazioni di sondaggi retribuiti è la chiave per fare fortuna con questo tipo di attività. Poiché la maggior parte delle aziende si limita a fornire una quantità minima di lavoro, è prudente registrarsi presso il maggior numero possibile di società di sondaggi retribuiti. Tuttavia, non bisogna mai trascurare di assumersi la completa responsabilità del proprio lavoro.

Ora, come si ottiene l'ammissione? Dovete sapere che la possibilità di partecipare a società di sondaggi retribuiti online comporta un'eccezione. Prima di essere accettati, dovete completare delle domande per determinare se soddisfate i requisiti demografici. In caso affermativo, potrete iniziare a partecipare ai sondaggi. Ricordate che non sempre sarete qualificati per la partecipazione alle società di sondaggi retribuiti.

Ci saranno sempre regole ed eccezioni, quindi è essenziale mantenere il proprio profilo. Ci sono aziende che hanno standard di assunzione estremamente severi, e mantenere un record solido e impressionante vi aiuterà a essere assunti ogni volta.

I sondaggi retribuiti per studenti universitari sono il metodo più semplice e conveniente per guadagnare abbastanza denaro e sfruttare al meglio il tempo libero a scuola, se visti da prospettive diverse.

Registrandosi a più organizzazioni di sondaggi retribuiti online, è possibile generare più flussi di reddito. Un fantastico lavoro part-time per sostenere gli studi e altre responsabilità personali!

I sondaggi retribuiti per studenti universitari offrono diversi metodi di pagamento. Alcune aziende richiedono che ogni dipendente abbia un conto Pay Pal. Altre aziende convertono i punti in carte regalo, merci e altro.

Come per qualsiasi lavoro online, ci saranno sempre delle truffe per i sondaggi retribuiti per studenti. Sono state fatte molte segnalazioni su queste truffe e sono state tutte registrate. Sono ancora disponibili centinaia di migliaia di sondaggi online retribuiti autentici; basta una ricerca.

Ci saranno sempre sondaggi a pagamento fraudolenti, ma questo non deve impedirvi di farli. Non si tratterà di uno schema di "guadagno facile", ma sapere che guadagnerete abbastanza denaro da questo tipo di lavoro è comunque una buona idea.

Bisogna rendersi conto che in questo campo non ci sono garanzie. Il successo si giudica in base a quanto una persona segue le indicazioni e si assume la piena responsabilità del compito. I sondaggi incompleti sono da escludere. Assicuratevi sempre di svolgere i vostri compiti in modo efficace.

# 11. VENDETE LE VOSTRE FOTO SUI SITI WEB DI FOTOGRAFIA STOCK.

Vendere le proprie fotografie su siti web di fotografia stock è un modo per monetizzare il proprio hobby fotografico. La fotografia stock si riferisce alla vendita di immagini professionali adatte a materiali di marketing, siti web e pubblicazioni.

C'è sempre una domanda per un'ampia varietà di fotografie, da paesaggi e scene naturali a paesaggi urbani e ritratti. I siti web di fotografia stock offrono ai fotografi una piattaforma per vendere il proprio lavoro a clienti di tutto il mondo.

Se siete interessati a vendere le vostre fotografie su siti web di fotografia stock, ecco alcuni consigli per iniziare:

Scegliete un sito web di fotografia stock affidabile. Sono disponibili molti siti web di fotografia stock, ma non tutti sono uguali. Alcuni siti web offrono condizioni più favorevoli per i fotografi e hanno una base di utenti più ampia, aumentando la probabilità che le vostre fotografie vengano visualizzate e acquistate. Effettuate una ricerca e scegliete un sito web affermato e rispettabile.

Scattare fotografie di buona qualità: Per vendere le vostre fotografie sui siti web di fotografia stock, è necessario che siano di ottima qualità. Ciò significa che devono avere una composizione, un'illuminazione e una messa a fuoco eccellenti, oltre a essere ben curate e prive di distrazioni. Se siete alle prime armi, prendete in considerazione l'acquisto di una fotocamera di qualità e l'acquisizione delle abilità fotografiche fondamentali.

Sebbene ci sia bisogno di vari tipi di fotografie, può essere vantaggioso specializzarsi in una particolare nicchia. Può trattarsi di fotografia di viaggio, fotografia di cibo o fotografia di ritratto. Specializzandosi in un determinato argomento, è possibile accumulare un portfolio di fotografie di alta qualità su un tema specifico, che potrebbe rendervi più attraenti per gli acquirenti.

Comprendere i termini di servizio: Ogni sito web di fotografia stock ha i suoi termini di servizio, che definiscono come le immagini possono essere utilizzate e come il fotografo sarà rimborsato. Assicuratevi di aver compreso questi termini prima di caricare le vostre immagini, perché non vorrete trovarvi nella situazione di non essere rimborsati adeguatamente per i vostri sforzi.

Una volta pubblicate le vostre fotografie su un sito web di fotografia stock, dovete pubblicizzarle in modo che i potenziali acquirenti possano trovarle. Questo può includere la pubblicazione del vostro lavoro sui social media, l'iscrizione a organizzazioni o forum fotografici e il contatto diretto con i potenziali clienti.

La fotografia è una disciplina in continua evoluzione. Pertanto, è essenziale rimanere aggiornati sulle nuove tecniche e mode. Prendete in considerazione la possibilità di iscrivervi a corsi o workshop online per migliorare le vostre capacità e aumentare le probabilità che le vostre fotografie vengano acquistate.

Vendere le vostre fotografie su siti web di stock photography può essere redditizio per monetizzare il vostro hobby fotografico. È possibile trasformare il proprio passatempo in un'attività redditizia con un impegno sufficiente e fotografie di alta qualità.

Scegliete un sito web di fotografia stock affidabile, scattate fotografie straordinarie e iniziate subito se siete pronti a vendere le vostre foto e a guadagnare denaro extra.

# 12. ASSISTENTE PERSONALE O ADDETTO ALLE COMMISSIONI.

In qualità di studente universitario, offrire i propri servizi come assistente personale o fattorino è un metodo per guadagnare velocemente. Molte persone, in particolare professionisti e famiglie impegnate, hanno bisogno di assistenza per fare la spesa, ritirare la biancheria e fare commissioni.

Fare l'assistente personale o il fattorino può essere un modo comodo e flessibile per ottenere un reddito supplementare. A seconda dei vostri impegni, potete impostare il vostro lavoro e le vostre ore come preferite.

Per iniziare è necessario disporre di un mezzo di trasporto affidabile e di un atteggiamento positivo. È essenziale essere puntuali, affidabili e in grado di seguire correttamente le indicazioni. Inoltre, è necessario essere cordiali e professionali quando si parla con i clienti.

Per trovare clienti, si può iniziare chiedendo ad amici, parenti e conoscenti se hanno commissioni o compiti che richiedono assistenza. Inoltre, potete commercializzare i vostri servizi sui social media e sui siti web di annunci locali.

Come assistente personale o fattorino dovete essere organizzati e produttivi. È essenziale tenere traccia dei progetti e delle scadenze e assicurarsi che tutto sia completato in tempo. È possibile che dobbiate comunicare spesso con i clienti per tenerli al corrente dei vostri progressi.

Oltre a svolgere le commissioni, è possibile che vi venga richiesto di fissare appuntamenti, fare telefonate e gestire le e-mail. Dovete essere abili con le applicazioni standard per l'ufficio e in grado di svolgere mansioni amministrative secondo le necessità.

Per avere successo come assistente personale o fattorino, è necessario avere spirito di adattamento e saper lavorare bene sotto pressione. Dovrete gestire una serie di responsabilità, quindi la capacità di pensare in modo autonomo e di sviluppare soluzioni innovative ai problemi è essenziale.

Come studente universitario, vendere le proprie competenze come assistente personale o fattorino può essere un modo gratificante e versatile per guadagnare velocemente. Fare l'assistente personale o il fattorino può essere una grande opportunità, indipendentemente dal fatto che si voglia integrare il proprio reddito o avviare un'attività in proprio.

# 13. NOLEGGIARE L'AUTO.

Affittare la propria auto su Turo o su altre piattaforme simili potrebbe essere un modo fantastico per guadagnare velocemente mentre si è all'università. Non solo è un modo semplice per guadagnare denaro extra, ma può anche aiutare a ridurre le spese di proprietà dell'auto. Inoltre, grazie alla copertura assicurativa di Turo, potete essere certi che il vostro veicolo sia protetto mentre viene noleggiato.

Come funziona?

È necessario creare un account Turo ed elencare il proprio veicolo. È necessario fornire informazioni di base sul veicolo, tra cui marca, modello, anno e fotografie. Turo proporrà quindi una tariffa giornaliera basata su veicoli comparabili nella vostra regione. È possibile accettare questa tariffa o scegliere la propria.

Dopo aver inserito il vostro veicolo, inizierete a ricevere richieste di noleggio. Potete accettare o rifiutare queste richieste e aggiungere regole, come il divieto di fumare o di portare cani, per assicurarvi che la vostra auto sia ben curata mentre viene affittata.

Turo si occuperà del pagamento e vi informerà quando un noleggiatore desidera prenotare il vostro veicolo. Dovrete incontrare il noleggiatore in un luogo concordato per consegnare le chiavi e ispezionare il veicolo.

Al termine del periodo di noleggio, il noleggiatore restituirà il veicolo nel luogo concordato e voi lo controllerete per verificare eventuali danni. Turo rilascerà il pagamento, al netto delle sue commissioni, se tutto è soddisfacente.

È possibile guadagnare una grande quantità di denaro noleggiando la propria auto su Turo, soprattutto se si dispone di un veicolo popolare o molto richiesto. Poiché Turo gestisce il pagamento e la comunicazione con il noleggiatore, non dovete occuparvi di nessuna delle componenti logistiche del noleggio. Ad esempio, se possedete un veicolo nuovo o costoso, potreste prevedere un costo giornaliero più elevato.

Un altro vantaggio è che potete decidere quando e quanto noleggiare il vostro veicolo. Questo vi permette di avere un controllo completo sulla quantità e sulla tempistica dei vostri spostamenti. Se avete un'agenda molto fitta e non volete impegnarvi in un programma di noleggio regolare, potete semplicemente mettere a noleggio la vostra auto quando sapete che non ne avrete bisogno.

È essenziale ricordare, tuttavia, che il noleggio del veicolo comporta alcuni rischi. Ad esempio, è sempre possibile che il noleggiatore causi danni al veicolo o provochi un incidente.

Pertanto, è importante eseguire un'ispezione completa prima e dopo ogni noleggio per verificare che il veicolo sia in buone condizioni. Turo fornisce una copertura assicurativa per i noleggiatori, ma è sempre una buona idea avere la propria polizza in caso di circostanze impreviste.

In generale, affittare la propria auto su Turo o su piattaforme simili può essere un modo fantastico per guadagnare velocemente mentre si è all'università. È semplice da realizzare e i potenziali guadagni sono notevoli. Assicuratevi di soppesare i pericoli e di prendere le dovute precauzioni per salvaguardare il vostro veicolo e i vostri interessi finanziari.

# 14. PARTECIPARE A STUDI CLINICI O A SPERIMENTAZIONI MEDICHE.

Partecipare a studi medici finanziati o a sperimentazioni cliniche può essere un metodo eccellente per gli studenti universitari per guadagnare rapidamente e allo stesso tempo far progredire la ricerca medica. In genere intrapresi da aziende farmaceutiche, istituti di ricerca o gruppi di ricerca clinica, questi studi spesso valutano l'efficacia e la sicurezza di nuovi farmaci o terapie.

Un vantaggio fondamentale della partecipazione a uno studio medico finanziato è la possibilità di conoscere meglio il processo di ricerca e di contribuire allo sviluppo di nuovi farmaci che possono migliorare la vita delle persone. Inoltre, molti studi compensano i partecipanti per il loro tempo e il loro viaggio, il che può essere un grande vantaggio finanziario per gli studenti universitari in cerca di un'entrata extra.

Prima di prendere in considerazione la partecipazione a uno studio medico, è essenziale comprendere i rischi e i vantaggi associati. Alcuni studi possono richiedere ai partecipanti di assumere farmaci o di sottoporsi a procedure mediche, e c'è sempre la possibilità di avere effetti negativi o difficoltà. Prima di accettare di iscriversi, è essenziale comprendere a fondo tutto il materiale fornito dallo sponsor della ricerca e discutere di eventuali dubbi con un medico.

Se amate partecipare a uno studio medico finanziato, potete fare molte cose per aumentare le vostre possibilità di essere scelti:

Indagare sullo sponsor dello studio: Assicurarsi che lo sponsor sia credibile e che un comitato etico indipendente abbia approvato la ricerca.

Esaminare i prerequisiti dello studio: Verificate di soddisfare le condizioni di idoneità per lo studio, tra cui l'età, l'anamnesi e altre caratteristiche rilevanti.

Riconoscere il compenso: Determinare quanto costerà lo studio e quali spese saranno rimborsate.

Pensare all'impegno di tempo: Assicurarsi di avere il tempo e la disponibilità per soddisfare i criteri dello studio, comprese le visite di controllo richieste.

Consultate il vostro medico di fiducia: Discutete della vostra partecipazione allo studio con il vostro medico di fiducia per garantire la vostra sicurezza e ottenere l'autorizzazione medica necessaria.

Esistono alcuni modi per trovare ricerche mediche e studi clinici retribuiti che reclutano persone. Alcune alternative sono:

Molti ospedali e istituti di ricerca gestiscono i loro studi e potrebbero essere alla ricerca di partecipanti.

Molti database internet, tra cui ClinicalTrials.gov e CenterWatch, elencano studi medici e sperimentazioni cliniche a pagamento.

Alcune aziende farmaceutiche conducono i loro studi e possono cercare partecipanti se vengono contattate.

Chiedere al proprio medico di fiducia: il vostro medico curante potrebbe essere a conoscenza di ricerche in corso per il reclutamento di partecipanti ed essere in grado di indirizzarvi.

Come si è detto in conclusione, la partecipazione a studi medici o a sperimentazioni cliniche a pagamento è un'ottima opzione per gli studenti universitari, che possono guadagnare velocemente e allo stesso tempo far progredire la ricerca medica.

Prima di partecipare a uno studio, è essenziale soppesare i rischi e i vantaggi e condurre una ricerca approfondita sullo sponsor. Seguendo questi passaggi, potrete aumentare le vostre possibilità di essere selezionati per uno studio e di dare un contributo significativo all'industria medica.

# 15. SERVIZI DI ASSISTENTE VIRTUALE.

Come studente universitario, diventare assistente virtuale è uno dei metodi più flessibili per guadagnare velocemente. Un assistente virtuale (VA) è un professionista che assiste a distanza i clienti con compiti amministrativi, tecnici o creativi dal proprio ufficio.

Se avete ottime capacità organizzative, un occhio di riguardo per i dettagli e la capacità di lavorare in multitasking, essere un assistente virtuale (VA) potrebbe essere un'ottima opzione. Ecco alcune considerazioni essenziali per entrare in questo campo:

Determinate le vostre aree di competenza e concentratevi sullo sviluppo dei vostri talenti. La gestione degli orari e del calendario, la gestione delle e-mail, l'inserimento dei dati, l'amministrazione dei social media e l'assistenza ai clienti sono responsabilità tipiche degli assistenti virtuali.

Stabilite una presenza credibile sul web; questo include la creazione di un sito web o di un profilo LinkedIn che evidenzi le vostre competenze e abilità. Prendete in considerazione la possibilità di iscrivervi a comunità o forum online, dove potrete creare una rete di contatti con altri assistenti virtuali e possibili clienti.

Determinate le vostre tariffe e la vostra disponibilità; in quanto studenti universitari, non potete avere molto tempo libero. Pertanto, dovete comunicare la vostra disponibilità e i tipi di lavoro che potete svolgere. Considerate la possibilità di stabilire un sistema di prezzi differenziati in base al vostro grado di esperienza e di abilità.

Commercializzare i vostri servizi: Una volta creati il vostro sito web e il vostro profilo LinkedIn, è il momento di iniziare a promuovere i vostri servizi. Informate amici, familiari e colleghi della vostra attività di assistente virtuale e prendete in considerazione l'idea di fare pubblicità sui social media o tramite campagne e-mail mirate.

Continuare a studiare e migliorarsi: imparare e migliorare le proprie competenze è essenziale per rimanere competitivi nel mercato degli assistenti virtuali. Considerate la possibilità di iscrivervi a corsi online o di visitare eventi di settore per rimanere aggiornati sulle ultime tecnologie e sulle migliori pratiche.

Seguendo scrupolosamente questi passaggi, è possibile creare un'attività di assistente virtuale (VA) redditizia e guadagnare rapidamente mentre si è all'università. È possibile trasformare la propria attività di assistente virtuale in una professione ricca e soddisfacente con pochi sforzi e impegno.

# 16. VENDETE I VOSTRI ABITI O ACCESSORI USATI.

Se avete una grande quantità di prodotti poco usurati o di alta qualità che non volete o non vi servono più, venderli su Poshmark o Depop può essere un ottimo metodo per fare soldi velocemente. Interagire con gli altri ed esprimere il proprio estro può essere divertente e gratificante.

Per iniziare è sufficiente creare un account su Poshmark o Depop e iniziare a vendere i propri oggetti. Entrambe le piattaforme consentono di pubblicare immagini e descrizioni dei prodotti, di stabilire i prezzi e di comunicare con i potenziali acquirenti. Inoltre, potete utilizzare gli hashtag per aumentare la visibilità dei vostri oggetti a un pubblico più vasto e pubblicare le vostre inserzioni sui social media per attirare ancora più consumatori.

Quando vendete i vostri vecchi abiti o accessori su Poshmark o Depop, una delle cose più importanti da ricordare è di scattare immagini di alta qualità che mostrino i vostri oggetti nella migliore luce possibile.

Ciò significa utilizzare l'illuminazione naturale, assicurarsi che i prodotti siano puliti e ben presentati e scattare molte foto da diverse prospettive. Dovete anche essere sinceri e accurati nelle descrizioni dei vostri prodotti e prendere in considerazione la possibilità di offrire sconti o spedizioni gratuite per aumentare la desiderabilità dei vostri prodotti.

Il servizio clienti è un'altra componente fondamentale della vendita di vecchi abiti o accessori su Poshmark o Depop. Rispondere rapidamente alle richieste e alle domande ed essere flessibili e sensibili alle esigenze degli acquirenti può contribuire a creare un'ottima reputazione e a ottenere un'attività ripetuta. Dovete anche essere disposti a negoziare i prezzi e a raggiungere un accordo vantaggioso per entrambe le parti con i vostri clienti.

In particolare, Poshmark e Depop addebitano una piccola percentuale sulle vendite per l'utilizzo delle loro piattaforme. Tuttavia, si tratta di un prezzo irrisorio per la facilità e l'esposizione offerte da queste piattaforme. Inoltre, maggiore sarà il successo nella vendita dei prodotti, maggiore sarà il guadagno.

In generale, vendere i vostri vecchi abiti o accessori su Poshmark o Depop può essere un modo fantastico per svuotare il vostro guardaroba, guadagnare velocemente e entrare in contatto con altre persone che condividono la stessa passione per la moda.

Se state cercando di svuotare il vostro guardaroba o di guadagnare velocemente, queste piattaforme offrono un metodo semplice e conveniente per raggiungere un vasto pubblico con i vostri oggetti usati o di alta qualità.

# 17. VENDERE LE PROPRIE COMPETENZE DI TUTORAGGIO O INSEGNAMENTO SU SITI WEB.

Se siete alla ricerca di un metodo flessibile e redditizio per guadagnare soldi extra, prendete in considerazione l'idea di diventare tutor o insegnanti su siti web come VIPKid e iTutor.

Come tutor o insegnante su queste piattaforme, avrete l'opportunità di assistere gli studenti di tutto il mondo nel raggiungimento dei loro obiettivi accademici. È possibile stabilire le proprie tariffe e lavorare comodamente da casa o dal posto di lavoro.

Per iniziare è necessario creare un profilo e presentare una domanda. Spesso si tratta di presentare informazioni sulla propria storia educativa e sulla propria esperienza di insegnamento e di completare una lezione dimostrativa e altri esami.

Una volta approvato, avrete accesso a diverse risorse e supporti per aiutarvi ad avere successo. Ciò potrebbe includere materiali di formazione, idee per le lezioni e assistenza continua da parte dello staff di educatori della piattaforma.

La flessibilità è uno dei principali vantaggi di diventare tutor o insegnanti su piattaforme come VIPKid o iTutor. Si è liberi di scegliere quando e dove lavorare e quanto lavorare. Ciò rende questa piattaforma un'alternativa perfetta per gli studenti universitari con un'agenda fitta di impegni e la necessità di guadagnare denaro al di fuori delle lezioni.

Un altro vantaggio è l'opportunità di guadagnare uno stipendio sostanzioso. I tutor e gli insegnanti di queste piattaforme possono guadagnare tra i 14 e i 22 dollari all'ora, a seconda delle qualifiche e del livello di esperienza. Questo può tradursi in un guadagno rapido e consistente nel tempo.

Oltre ai vantaggi finanziari, diventare un tutor o un insegnante su piattaforme come VIPKid o iTutor può essere gratificante e appagante. Avrete l'opportunità di avere un impatto significativo sulla vita dei vostri studenti e di aiutarli a raggiungere i loro obiettivi accademici.

Prendete in considerazione l'idea di diventare tutor o insegnanti su piattaforme come VIPKid o iTutor se siete studenti universitari alla ricerca di un modo flessibile e gratificante per guadagnare denaro extra. Se avete la mentalità e la dedizione giuste, potete avere successo in questa posizione e avere un impatto significativo sulla vita dei vostri figli.

# 18. SCRITTORE O REDATTORE FREELANCE.

Come studente universitario, offrire i propri servizi di scrittura e di editing su piattaforme come Upwork e Freelancer è un metodo per guadagnare rapidamente. Questi mercati internet mettono in contatto privati e aziende con freelance che possono aiutare a svolgere alcuni lavori, tra cui la scrittura e l'editing.

Prendete in considerazione l'idea di offrire i vostri servizi di scrittura e di editing su questi siti se avete grandi capacità di scrittura e di editing e il desiderio di guadagnare denaro extra con essi. Ecco alcuni suggerimenti per iniziare:

Il vostro profilo vi permette di dimostrare il vostro talento e la vostra esperienza ai potenziali clienti. Includete una foto chiara e professionale e una panoramica esaustiva delle vostre qualifiche, comprese eventuali esperienze scolastiche o di lavoro rilevanti.

Sviluppate una nicchia specializzata: Anche se potete fornire diversi servizi di scrittura e di editing, può essere vantaggioso concentrarsi su una determinata area. Questo vi renderà più attraenti per i potenziali clienti che cercano un esperto in un determinato settore. Ad esempio, potreste specializzarvi nello sviluppo di materiale per siti web, post sui social media o documenti di ricerca.

Nella scelta delle tariffe, considerate i prezzi prevalenti per servizi simili sulla piattaforma e il vostro grado di conoscenza ed esperienza. Fate attenzione a comunicare le vostre tariffe ai potenziali clienti e siate disposti a negoziare, se necessario.

Un solido portfolio vi aiuterà a distinguervi dagli altri freelance e a dimostrare la vostra esperienza ai potenziali clienti. Prendete in considerazione l'inserimento di esempi di scrittura e di editing che dimostrino le vostre capacità e gli incarichi che avete portato a termine in precedenza.

Considerate la possibilità di contattare direttamente i potenziali clienti e di promuovere i vostri servizi sui social media e su altre piattaforme online, che possono aiutarvi a sviluppare la vostra base di clienti e ad aumentare la vostra visibilità come freelance.

Siate professionali e reattivi: In qualità di freelance, è essenziale comunicare in modo efficiente con i clienti e rispondere prontamente alle richieste di informazioni. Assicuratevi di rispettare i vostri obblighi e di inviare lavori di alta qualità prima della scadenza.

Rispettando queste linee guida, potrete affermarvi come freelance validi e affidabili su siti web come Upwork e Freelancer. Potete trasformare le vostre capacità di scrittura e di editing in un'attività redditizia all'università, se vi impegnate con il tempo e lo sforzo necessari.

# 19. OPPORTUNITÀ ONLINE RETRIBUITE E MODELLISMO.

Partecipare a opportunità retribuite di recitazione o di modella come studente universitario è un modo rapido per fare soldi extra e acquisire esperienza nel settore dello spettacolo. È possibile intraprendere alcune azioni per aumentare le possibilità di ottenere lavori retribuiti come attore o modello, nonostante la difficoltà di entrare nel settore.

In primo luogo, è essenziale creare un solido portfolio. Questo può includere foto di testa, foto di tutto il corpo e qualsiasi altra fotografia che metta in evidenza il vostro aspetto e stile distintivo.

Se non disponete già di foto professionali, prendete in considerazione l'idea di investire in un servizio fotografico con un fotografo locale o di chiedere a un amico di scattarvi immagini di alta qualità. Inoltre, è una buona idea preparare un curriculum che metta in evidenza le vostre esperienze di recitazione o di modella (se ne avete) e i talenti o le formazioni applicabili.

Quindi, iniziate la ricerca di opportunità. Ci sono molti modi per scoprire opportunità di recitazione o di modella retribuite. Un'alternativa è quella di entrare a far parte di un'agenzia di recitazione o di modelle. Queste agenzie rappresentano i talenti e li assistono nella ricerca di un impiego. Sebbene entrare a far parte di un'agenzia possa essere un'impresa competitiva, può anche essere un metodo eccellente per accedere a diverse opportunità.

È anche possibile cercare opportunità per conto proprio. Backstage, Model Mayhem e Craigslist sono solo alcuni dei siti web e dei servizi che offrono lavori retribuiti di recitazione e modellazione. Informatevi presso i direttori di casting e le case di produzione locali per vedere se ci sono progetti imminenti per i quali potreste essere un candidato adatto.

Dovete essere professionali e ben preparati quando ottenete un lavoro come attori o modelli. Arrivate in orario, siate preparati e pronti ad accettare le indicazioni, e siate ricettivi ai commenti. Sono tutte caratteristiche essenziali che i direttori di casting e i clienti cercano nei talenti.

Partecipare a opportunità retribuite di recitazione o di modella può essere un ottimo modo per gli studenti universitari di guadagnare denaro extra e fare esperienza nel settore. Con un buon portfolio, un atteggiamento proattivo e un comportamento professionale, potete aumentare le vostre possibilità di ottenere incarichi retribuiti e di intraprendere una carriera di successo come attori o modelli.

# 20. MARKETING DEGLI ARTICOLI.

Se state già scrivendo contenuti per il web, per il vostro forum o anche per la scuola, che ci crediate o no, la scrittura di articoli può essere un'opzione redditizia e semplice per gli studenti universitari per fare soldi online rapidamente.

Internet è una vasta raccolta di articoli, tra cui milioni di pagine di informazioni, tutte disponibili a portata di mano. È una biblioteca infinita di conoscenza che ha sete di imparare ogni secondo di ogni giorno.

Allora, come iniziare? Per prima cosa, dovete comporre un articolo. L'articolo può riguardare qualsiasi cosa, qualsiasi cosa stia accadendo nel mondo o nella vostra mente. Non avete voglia di scriverlo da soli? Potete assumere qualcuno per conto vostro.

Queste persone sono note come "ghostwriter". Scrivono questi articoli su diversi argomenti e li vendono per il consumo generale. Questi articoli sono progettati per consentire all'acquirente di personalizzarli.

Alcuni siti web accettano questi articoli, ma in genere sono di qualità inferiore e non hanno un prezzo elevato. La tattica più efficace consiste nel comporre un articolo di 200-400 parole. L'articolo è eccessivamente lungo e si legge come un monologo. Non volete che l'articolo sia troppo breve perché state fornendo un valore a Internet.

Prima di inviare il vostro articolo, assicuratevi di rispettare i requisiti indicati. Una volta scritto un articolo, dovete trovare un sito web che lo paghi. Associated Content è uno dei migliori siti web che ho trovato. Questo sito paga tra i 5 e i 50 dollari per articolo, a seconda della qualità e della richiesta. Sul sito sono indicati gli articoli più richiesti, che in genere hanno prezzi molto più alti.

Indicate se desiderate inviare il vostro articolo come "esclusivo" o "non esclusivo". Esclusivo significa che state cedendo i vostri diritti di autore al sito web; non vi sarà più permesso di utilizzare questo articolo. Non esclusivo significa l'esatto opposto: conservate i diritti di autore sull'articolo. In genere, gli articoli esclusivi hanno un costo maggiore.

La creazione di un e-book è un altro metodo per monetizzare la vostra scrittura. Il libro può essere interessante come compito scolastico, relazione universitaria o strategia di risoluzione dei problemi. Sono disponibili molti manuali gratuiti che spiegano come realizzarlo. I programmi di affiliazione possono essere uno dei modi più efficaci per commercializzare la vostra creazione. Dopo aver creato un capolavoro, non resta che venderlo al mondo intero.

Siti web come Clickbank e Commission Junction possono aiutarvi in questa procedura. Ora potete sfruttare la vostra influenza su MySpace o Facebook per aumentare l'influenza e la popolarità del vostro libro; per aiutarvi a vendere il vostro libro.

Anche se la scrittura di articoli non vi farà diventare ricchi, fornisce un reddito costante ed è probabilmente il modo più affidabile per gli studenti universitari di guadagnare velocemente online.

# 21. SITI WEB DI MICROLAVORO.

Quali tipi di lavoro esistono? Dipende in gran parte dalle competenze, dalla specializzazione e dai corsi seguiti. Gli studenti universitari e i ragazzi in età universitaria possono ottenere altre entrate pubblicando lavori sui siti di micro-lavoro.

Esiste un parallelismo tra una serie di specializzazioni universitarie e i tipi di mansioni che funzionano e si vendono bene sui siti di micro-lavoro; di conseguenza, ci sono molte prospettive per gli studenti universitari che si specializzano in diverse discipline.

Cosa sono i micro siti di lavoro?

Questi siti consentono a chiunque di pubblicare lavori che normalmente pagano meno di 20 dollari, mentre i siti più popolari permettono agli utenti di inviare lavori che pagano tra i 5 e i 10 dollari. I servizi legati al sito web, come SEO, scrittura di articoli, link building, ecc. sono i lavori più comunemente pubblicati. Tuttavia, qualsiasi lavoro (tranne quelli per adulti, illegali e legati al gioco d'azzardo) può diventare un best seller!

Questa è una delle principali attrattive di questi siti: è praticamente difficile prevedere quale lavoro avrà risonanza tra gli acquirenti che frequentano questi siti. La chiave è il valore e la qualità; se si pubblicano lavori che forniscono un servizio prezioso che fa risparmiare tempo all'acquirente, si venderanno lavori!

Perché gli studenti universitari dovrebbero pubblicizzare le opportunità di lavoro sui siti di microlavoro?

Ci sono alcuni motivi per cui gli studenti universitari sono venditori ideali sui siti di microlavoro e possono quindi guadagnare. I più importanti sono le loro capacità, la capacità di lavorare quando vogliono, la familiarità con la tecnologia e la capacità di imparare rapidamente.

Gli studenti universitari hanno generalmente competenze in molti campi e possiedono capacità non comuni nella comunità generale. Inoltre, ogni persona possiede un insieme unico di competenze che possono essere utilizzate per creare occupazione e completare gli ordini in modo da ottenere una buona tariffa oraria. Più un lavoro è originale e distinto, più visualizzazioni riceverà e, di conseguenza, più venderà.

Quando si hanno molte capacità, è possibile combinarle per sviluppare lavori inventivi che le persone vorranno acquistare a basso prezzo. La sfida consiste nel capire come fornire qualcosa di distintivo in un tempo relativamente breve. Spetta a ogni individuo determinare!

Vendere su un micro-cantiere permette di avere orari flessibili.

La vendita di lavori sui siti di micro-lavoro consente agli studenti universitari di lavorare quando possono e di soddisfare le richieste di servizi che arrivano. In questo modo, le persone possono lavorare un'ora alla volta quando hanno tempo libero, invece di avere molte ore per "timbrare il cartellino" e fare soldi.

Gli studenti universitari sono cresciuti con la tecnologia.

Poiché gli studenti universitari sono cresciuti con il computer, molti tipi di lavoro che spesso vengono venduti sui siti di micro-lavoro sono per loro una seconda natura o possono essere rapidamente padroneggiati per ottenere un guadagno economico.

Uno dei motivi per cui i siti di micro-lavoro sono rimasti popolari è che i clienti preferiscono pagare qualcuno che sa già come fare qualcosa piuttosto che imparare a farlo e svolgere il compito da soli. Se disponete di competenze diversificate, potete pubblicare un maggior numero di lavori di alta qualità in vari settori e venderete di più rispetto a chi ha un solo lavoro legato a una specializzazione.

Prendete in considerazione la possibilità di pubblicare lavori su siti di micro-lavoro se siete studenti universitari che cercano di generare denaro online durante il tempo libero. Potete vendere lavori basati sulle vostre conoscenze e sui vostri talenti!

## 22. PROGRAMMI DI AFFILIAZIONE.

Vi chiedete perché gli artisti di cui non avete mai sentito parlare o gli apparecchi elettronici che non avete mai visto siano i prodotti più venduti su Amazon? Questo è in parte dovuto alla magia del marketing di affiliazione.

Questi prodotti sono commercializzati in massa ogni giorno in chat, forum, pubblicazioni e motori di ricerca da persone come voi e me. Tutti sono motivati da un unico obiettivo: le commissioni. Il marketing di affiliazione può essere un'attività di successo e rapida per gli studenti universitari, anche se all'inizio richiede un po' di tentativi ed errori.

Come si inizia?

In primo luogo, è necessario identificare qualcosa di attualmente popolare, come un prodotto o un argomento che appassiona le persone. Utilizzate MySpace, Facebook o il vostro forum preferito per determinare ciò che le persone richiedono o hanno chiesto. Esaminate gli avvenimenti attuali nel mondo dei media e dello sport. Determinate cosa è di tendenza su eBay, Amazon e persino Google.

Google Labs offre un fantastico strumento che mostra i dieci prodotti più ricercati. Considerate l'ovvio: gli ambienti universitari. Sono luoghi eccellenti per determinare ciò che piace agli individui. Una volta che saprete cosa desiderano le persone di tutto il mondo, capirete meglio cosa commercializzare.

Successivamente, dovrete individuare alcune parole chiave pertinenti ed efficaci. La scelta di una parola chiave appropriata è essenziale, in quanto avrà un impatto sul successo degli sforzi di marketing del vostro prodotto. I motori di ricerca per parole chiave, come Google Keywords e Overture, sono ottime risorse per individuare le parole chiave migliori per la vostra campagna. Cercate parole chiave a coda lunga (3-5 parole) con un forte volume di ricerca e una bassa concorrenza.

Come posso trovare il prodotto migliore?

Dopo aver identificato l'argomento e la parola chiave, la fase successiva consiste nell'individuare un prodotto. La chiave per pubblicizzare con successo un prodotto è identificare qualcosa che si ritiene possa aiutare a risolvere un problema e che sia rilevante per il pubblico di riferimento. Assicuratevi che il prodotto sia in sintonia con il vostro mercato di riferimento. Se volete aiutare qualcuno a perdere peso prima del matrimonio, dovreste evitare di vendere prodotti per fare soldi.

Come iscriversi a un programma di affiliazione?

Quasi sempre, ogni prodotto è affiliato a un programma di affiliazione. Amazon è probabilmente il luogo migliore per trovare programmi di affiliazione per prodotti reali. Offre un programma di commissioni eccezionale.

Amazon si rivolge ai suoi affiliati e fornisce innumerevoli risorse per aiutarvi a iniziare. In genere, i programmi di affiliazione offrono commissioni che vanno dal 50 al 75%. ClickBank è l'opzione migliore se intendete vendere un prodotto elettronico. Tuttavia, ho scoperto alcune mele marce su questo sito.

Dopo aver stabilito l'argomento, le parole chiave, il prodotto e il programma di affiliazione, dovrete determinare l'approccio. All'inizio, l'article marketing è la strategia migliore. È sufficiente creare una lente Squidoo o una pagina di destinazione pertinente al prodotto e caricare articoli pertinenti. Questo approccio al marketing di affiliazione può essere lento e richiedere molto tempo, ma è gratuito e vale la pena di impegnarsi per iniziare.

Potete provare la pubblicità Pay-Per-Click su siti web come Google Adwords, Yahoo Search Marketing e MSN AdCenter se ritenete di essere più avanzati del marketer medio. Se si organizzano correttamente le campagne, si possono ottenere premi molto più rapidamente. Tuttavia, il pericolo è sostanzialmente maggiore e può essere estremamente costoso se non si ha esperienza.

Dove posso trovare maggiori informazioni sul marketing affiliato?

Che si tratti di article marketing o di pubblicità pay-per-click, il marketing di affiliazione può essere redditizio se eseguito in modo efficace. Trovare siti che vi istruiscano sul business che sta dietro al marketing di affiliazione è l'approccio migliore per generare denaro in questo campo.

Siti web come Wealthy Affiliate e Bum Marketing Methods sono risorse meravigliose se si desidera studiare i dettagli del business. Pertanto, sia che siate studenti universitari o in cerca di un reddito extra, il marketing di affiliazione è un'attività che dovreste approfondire.

# 23. GOOGLE ADSENSE.

Vi siete mai chiesti da dove provengono le piccole pubblicità sui siti web? Queste pubblicità fanno parte di un programma di Google chiamato AdSense. Sembra che seguano l'utente ovunque vada su Internet e sappiano cosa cerca.

Questo strumento consente a qualsiasi sito web o blog di generare entrate attraverso gli annunci pubblicitari. Si tratta di uno dei modi più semplici per gli studenti universitari di fare soldi online, anche se può sembrare complicato.

Se siete come la maggior parte degli utenti di Internet, i pop-up e i banner pubblicitari vi distraggono facilmente. Sembrano distruggere completamente l'esperienza del web. Google AdSense supera i banner pubblicitari standard. Cerca automaticamente nel vostro sito web o blog e trova gli annunci pubblicitari adatti in base alla domanda di ricerca del visitatore. Gli annunci sono più piccoli, meno intimidatori e decisamente più efficaci con una superficie inferiore.

È lecito chiedersi cosa significhi tutto questo per uno studente. Con l'inizio del XXI secolo, la consegna del materiale didattico e dei compiti è diventata molto più informatizzata.

Con l'aumento dell'uso di ambienti di classe virtuali, la costruzione di un sito web o di un blog si è trasformata da passatempo a necessità importante. Gli studenti possono facilmente guadagnare aggiungendo pubblicità ai loro siti web.

Dall'inizio del secolo, lo sviluppo di siti web è diventato molto più diffuso. Ogni giorno vengono sviluppati siti web con milioni di temi e abilità diverse.

Non c'è da preoccuparsi se non si hanno soldi per l'hosting. Non c'è problema se avete da 10 a 20 dollari al mese per l'hosting ma non avete capacità di progettazione. Sono disponibili altri siti di hosting gratuiti, come synthasite.com e weebly.com.

Tutti amano i blog di opinione; si può scrivere letteralmente di tutto! La maggior parte dei siti di hosting offre procedure guidate di progettazione per semplificare il processo di creazione o, nella peggiore delle ipotesi, non avete nulla da scrivere. Nessun problema. Basta creare un blog di opinione utilizzando una piattaforma come blogger.com.

Per iniziare a guadagnare dal vostro sito web, visitate Google e individuate i programmi pubblicitari in fondo al sito. Scegliete il programma AdSense, aggiungete il vostro sito web e le vostre informazioni personali e il gioco è fatto.

Google AdSense semplifica la selezione dei tipi di pubblicità che si desidera visualizzare e fornisce molte esercitazioni su come implementarli sul proprio sito web. Una volta terminato l'inserimento degli annunci pubblicitari sul vostro sito web, potete sedervi e guardare i soldi che arrivano.

È necessario evitare di cliccare sugli annunci. Anche se questo può sembrare innocuo, Google lo considera "frode di clic" e probabilmente vi escluderà dal suo programma AdSense. Google è molto abile nell'individuare questa truffa, quindi è inevitabile essere scoperti.

Provate a generare traffico gratuito verso il vostro sito web con servizi di bookmarking come Stumble e del.icio.us. Una volta che le persone visitano il vostro sito web, dovreste iniziare a notare i risultati del vostro lavoro.

Google paga alla fine di ogni mese, quindi sarete pagati quando il saldo del vostro conto raggiungerà i 100 dollari. Google preferisce il deposito diretto tramite bonifico elettronico, ma sarà lieto di inviare un assegno.

AdSense può fornire a uno studente universitario affamato un reddito part-time costante, nonostante l'incapacità del programma di generare un reddito sostanziale. AdSense è indubbiamente uno dei modi migliori per fare soldi online, se si è creativi e disposti a fare qualche sforzo.

# 24. TRASCRITTORI A DOMICILIO.

Lavorare come trascrittori da casa può essere molto gratificante. Potete lavorare al vostro ritmo migliore su compiti che sono sia vitali che adattabili alle vostre esigenze. Potete lavorare come trascrittori medici anche in altri settori.

I datori di lavoro di trascrittori cercano persone con orari diversi. Gli studenti universitari sono spesso molto impegnati negli studi. Questo lascia poco tempo per una carriera convenzionale in un ristorante. Inoltre, lavorare da casa come studente universitario è un'opzione eccellente.

Una volta iniziata la ricerca di una posizione di trascrittore, scoprirete spesso che le aziende vogliono valutare le vostre capacità di scrittura. A volte, ciò richiede esempi di scrittura o un periodo di formazione.

Mentre molte posizioni di trascrittore medico richiedono esperienza in una specialità medica, molti altri lavori di trascrittore non lo richiedono. Si può lavorare come trascrittore legale o come trascrittore freelance.

Come trascrittore, si riceve un pacchetto di registrazioni audio da trascrivere nel formato specificato dall'azienda. Nella maggior parte dei casi si tratta di una procedura semplice e il lavoro può essere svolto con relativa facilità. Tuttavia, lavorare come trascrittore non è un metodo per diventare ricchi rapidamente.

Prendete in considerazione l'idea di diventare trascrittori a domicilio se siete studenti universitari e avete bisogno di un modo semplice per guadagnare denaro per contribuire a pagare le spese di intrattenimento. È meraviglioso lavorare qualche ora in più alla settimana come trascrittori per guadagnare denaro extra da spendere.

Provate quello che ho fatto io se avete bisogno di soldi immediatamente o entro un'ora. Oggi sto generando più soldi di quanti ne abbia guadagnati con la mia precedente attività, e puoi farlo anche tu: clicca sul link qui sotto per leggere un racconto incredibile e autentico. Dopo l'iscrizione ho avuto solo dieci secondi di sospetto prima di capire di cosa si trattasse. Anche tu sarai raggiante da un orecchio all'altro, come lo ero io.

# 25. BARTENDING.

È fondamentale rendersi conto che fare il barman, pur essendo vantaggioso per lo stile di vita e il conto economico dello studente, non è così semplice come alcuni credono. Prima di decidere se un lavoro part-time in questo settore fa al caso vostro, considerate il tipo di lavoro che vi verrà richiesto.

A seconda del locale, lavorare dietro al bar potrebbe essere piuttosto impegnativo. Nel locale entrerà un flusso costante di clienti, ognuno dei quali chiederà un servizio immediato. Più clienti ci sono, più bevande dovrete preparare contemporaneamente e più è probabile che i consumatori si arrabbino se le loro ordinazioni non vengono eseguite correttamente.

Un vantaggio è che non ci si annoia mai. A differenza di quanto accade in un negozio al dettaglio, non dovrete svolgere ripetutamente lo stesso compito. Ciononostante, sarete presi alla sprovvista! Alcuni individui prosperano in questo ambiente, altri no.

La soddisfazione dei clienti è un aspetto fondamentale. Maggiore è la soddisfazione dei clienti, maggiore sarà la loro propensione a lasciarvi una mancia. È possibile ottenere un salario decente, ma la maggior parte dei guadagni proverrà dalle mance.

A causa dell'ambiente affollato, non è sempre possibile conversare con i clienti, ma gestire tutto ciò che vi circonda rimanendo cortesi e offrendo un "servizio con il sorriso" sarà molto utile.

Un secondo aspetto del bartending che molti trascurano non ha nulla a che vedere con i consumatori. Mettere più persone in un'atmosfera stressante, dove devono fare affidamento l'una sull'altra per portare a termine un compito, può portare a molti conflitti di personalità. I colleghi di lavoro possono talvolta essere la fonte di maggiore stress.

Dovete imparare a non prendere sul personale le affermazioni di chi è preoccupato e vi sgrida. Dovete anche evitare di fare da micromanager alle persone e di arrabbiarvi eccessivamente quando qualcuno con maggiore esperienza vi chiede di svolgere un compito.

Dopo aver compreso la realtà del bartending, è possibile candidarsi per un lavoro sapendo cosa aspettarsi in una certa misura. Il lavoro non è semplice, ma è gratificante. La maggior parte degli studenti universitari che hanno lavorato nei bar considerano l'esperienza come la più piacevole che abbiano mai fatto. Alcuni si divertono così tanto da rimanere e passare ad altre posizioni nel settore alberghiero.

# 26. PARTECIPARE A STAGE O APPRENDISTATI RETRIBUITI.

Può essere difficile destreggiarsi tra i corsi, le attività extracurriculari e un lavoro part-time come studente universitario. Tuttavia, trovare il modo di guadagnare mentre si è ancora a scuola può essere essenziale per coprire le spese e fare un'esperienza lavorativa utile. Partecipare a stage o tirocini retribuiti è un modo per gli studenti universitari di fare soldi.

I tirocini e gli apprendistati retribuiti consentono agli studenti universitari di fare esperienza pratica in una particolare professione, percependo un salario o uno stipendio. Questi programmi possono essere un'ottima opportunità per migliorare il proprio curriculum, creare una rete di contatti con professionisti ed eventualmente ottenere una posizione a tempo pieno dopo la laurea.

Partecipare a stage e tirocini retribuiti come studente universitario presenta diversi vantaggi. Alcuni dei vantaggi più importanti sono i seguenti:

Gli stage e i tirocini retribuiti consentono agli studenti universitari di fare un'esperienza lavorativa significativa in un determinato settore. Questo può migliorare il curriculum e aumentare le possibilità di ottenere una posizione a tempo pieno dopo la laurea.

I tirocini e gli apprendistati retribuiti consentono agli studenti universitari di percepire un salario o uno stipendio, invece dei tirocini non retribuiti. Questo può essere utile per coprire le tasse scolastiche, l'affitto e altre spese.

Gli stage e i tirocini retribuiti permettono di incontrare e collaborare con specialisti del settore, consentendo di ampliare la propria rete professionale. Si tratta di un modo rapido per ampliare la propria rete professionale e sviluppare connessioni che possono portare a future opportunità di lavoro.

Gli stage e i tirocini retribuiti possono contribuire allo sviluppo di nuove competenze e al miglioramento di quelle esistenti. Questo può essere particolarmente utile per gli studenti che sono indecisi sulla loro scelta di carriera o che desiderano cambiare settore.

Gli stage e i tirocini retribuiti spesso si traducono in opportunità di lavoro a tempo pieno dopo la laurea. La partecipazione a questi programmi consente di accedere a potenziali datori di lavoro e di creare un'impressione positiva su di loro.

Come trovare tirocini e apprendistati retribuiti e presentare la propria candidatura:

Prima di cercare stage e tirocini retribuiti, dovete definire i vostri interessi e obiettivi di carriera. Questo vi permetterà di ridurre le selezioni e di concentrarvi sulle prospettive che corrispondono ai vostri obiettivi.

Indagare sui programmi disponibili: Esistono molti siti web che aiutano gli studenti universitari a trovare stage e tirocini retribuiti. Alcune alternative sono:

Molte scuole e università hanno centri di carriera che forniscono informazioni e supporto agli studenti in cerca di stage e apprendistato. Questi centri hanno spesso elenchi di programmi disponibili e possono fornire assistenza per la presentazione delle domande.

Molte organizzazioni professionali offrono opportunità di stage e apprendistato agli studenti universitari. La ricerca di organizzazioni del vostro settore può portare a opportunità non pubblicizzate.

Diversi forum di lavoro su Internet offrono stage e tirocini retribuiti. Indeed, LinkedIn e InternMatch sono esempi di possibilità popolari.

Preparare il materiale di candidatura. Una volta individuati i possibili programmi di stage o apprendistato, è fondamentale preparare il materiale di candidatura. Di solito si tratta di un curriculum, di una lettera di presentazione e di altri materiali richiesti dal programma. Assicuratevi che la vostra candidatura sia adatta al programma e che mostri le vostre competenze ed esperienze rilevanti.

È consigliabile presentare le candidature a molti stage e apprendistati retribuiti per massimizzare le possibilità di essere accettati. Assicuratevi di leggere attentamente i requisiti di candidatura e di presentare tutto il materiale necessario.

Dopo aver presentato la domanda, dovreste contattare il programma per informarvi sullo stato della vostra candidatura. Questo potrebbe dimostrare il vostro interesse e il vostro impegno nei confronti dell'opportunità.

Ottimizzare l'esperienza di tirocinio o apprendistato retribuito:

Una volta accettati in uno stage o in un apprendistato retribuito, è necessario massimizzare l'opportunità. Ecco alcuni consigli per il successo:

Come per qualsiasi posizione, è essenziale essere puntuali e affidabili. La puntualità e il rispetto degli obblighi indicano la vostra professionalità e la vostra dedizione al programma.

Non temete di prendere l'iniziativa e di chiedere informazioni. Questo potrebbe dimostrare il vostro zelo per l'apprendimento e la volontà di fare il passo più lungo della gamba.

I tirocini e gli apprendistati retribuiti vi permettono di creare una rete di contatti e di sviluppare relazioni con persone del vostro settore. Sfruttate al massimo questa opportunità facendo rete e costruendo relazioni.

Il maggior numero possibile di conoscenze: Ricordate che l'obiettivo principale degli stage e degli apprendistati retribuiti è quello di acquisire esperienze e competenze importanti. Siate il più possibile aperti all'apprendimento e accettate compiti e responsabilità stimolanti.

Gli stage e i tirocini retribuiti possono essere un metodo eccellente per gli studenti universitari per guadagnare denaro e allo stesso tempo fare un'esperienza lavorativa essenziale e costruire la propria rete professionale.

Seguendo i metodi illustrati in questa sezione, gli studenti universitari possono individuare stage e tirocini retribuiti, candidarsi e sfruttare al meglio l'opportunità una volta approvata.

Gli stage e i tirocini retribuiti possono essere un ottimo investimento per il vostro futuro, sia che stiate cercando di esplorare un potenziale percorso di carriera sia che vogliate apprendere competenze pratiche.

# 27. LAVORI DA FREELANCE E GIG ECONOMY.

Il lavoro da freelance e i lavoretti della gig economy possono essere un'ottima scelta per gli studenti universitari che cercano di guadagnare rapidamente. Questi tipi di impiego offrono flessibilità e la possibilità di lavorare su progetti o compiti diversi, spesso temporaneamente.

Uno dei vantaggi del lavoro freelance e dei lavoretti della gig economy è che possono essere svolti in modo flessibile. Questo tipo di lavoro è particolarmente adatto agli studenti universitari che hanno altri obblighi, come le lezioni e le attività extracurriculari. Inoltre, molti lavori freelance e della gig economy possono essere svolti a distanza, il che li rende ideali per gli studenti universitari che non desiderano fare i pendolari per un impiego tradizionale.

L'editing, la scrittura, la gestione dei social media e il design grafico sono tra le tante occupazioni freelance e della gig economy. Se possedete un talento o una specializzazione particolari, potete trovare un lavoro freelance nella vostra materia di studio o di interesse.

L'utilizzo di siti internet come Upwork, Fiverr e Freelancer è un approccio per trovare lavoro freelance e lavori della gig economy. Questi siti mettono in contatto i freelance con i clienti in cerca di servizi diversi, consentendovi di fare offerte o di candidarvi per le mansioni che corrispondono alle vostre competenze e disponibilità.

Un'altra alternativa per trovare lavoro freelance e lavori della gig economy è il networking con persone o aziende del vostro settore di interesse. Potete trovare lavoro contattando professori o professionisti del vostro settore o aderendo a organizzazioni professionali o gruppi di networking.

Potete anche trovare lavori freelance e di gig economy attraverso il career center della vostra scuola, gli annunci di lavoro, Internet e il networking.

Molte università dispongono di risorse per assistere gli studenti nella ricerca di lavori freelance e gig economy e potrebbero essere in grado di mettervi in contatto con possibili clienti e datori di lavoro.

Il lavoro freelance e i lavori della gig economy possono essere ottime alternative per gli studenti universitari in cerca di un reddito flessibile e rapido. Sia che abbiate una certa abilità o conoscenza, sia che desideriate cimentarvi in diversi progetti e lavori, sono disponibili molte opzioni per soddisfare un'ampia gamma di interessi e competenze.

Quando si tratta di lavori da freelance e della gig economy, è essenziale valutare i possibili rischi e benefici di ciascuna opportunità. Se da un lato questi lavori possono offrire flessibilità e la possibilità di lavorare su progetti diversi, dall'altro possono comportare degli ostacoli.

Per esempio, il lavoro freelance e i lavori della gig economy potrebbero non offrire la stessa sicurezza del lavoro o gli stessi benefici di un impiego tradizionale, come l'assicurazione sanitaria o i piani pensionistici. È fondamentale indagare a fondo i termini e le condizioni di ogni opportunità e tenere conto dei potenziali rischi e ostacoli.

Inoltre, il lavoro freelance e le occupazioni della gig economy spesso richiedono la gestione delle tasse e dei fondi. Ciò può comportare la necessità di tenere traccia delle entrate e delle uscite e di risparmiare per le tasse. È consigliabile acquisire familiarità con le norme e i regolamenti fiscali relativi al lavoro freelance e alla gig economy e consultare uno specialista fiscale in caso di domande.

Un'altra difficoltà dei lavori freelance e della gig economy è la necessità di cercare continuamente nuove opportunità. Per mantenere un reddito regolare, può essere necessario cercare costantemente nuovi clienti o progetti. Ciò può richiedere di essere proattivi nel vendere le proprie competenze e i propri servizi, il che può richiedere molto tempo.

Nonostante questi ostacoli, i lavori freelance e della gig economy possono essere una scelta eccellente per gli studenti universitari in cerca di un reddito flessibile e rapido. Sia che abbiate una certa abilità o conoscenza, sia che desideriate cimentarvi in diversi progetti e lavori, sono disponibili molte opzioni per soddisfare un'ampia gamma di interessi e competenze.

Per massimizzare le possibilità di successo nel lavoro freelance e nella gig economy, è essenziale essere affidabili e professionali. Ciò può comportare la definizione di chiare aspettative dei clienti, il rispetto delle scadenze e la produzione di un lavoro di alta qualità.

Creando una reputazione di freelance o gig worker competente e affidabile, si possono aumentare le possibilità di assicurarsi nuove opportunità e di avviare una carriera freelance o gig di successo.

Il lavoro freelance e i lavori della gig economy possono essere ottime alternative per gli studenti universitari in cerca di un reddito flessibile e rapido. Se da un lato questi tipi di lavoro possono presentare dei problemi, dall'altro possono offrire l'opportunità di costruire competenze e acquisire esperienze utili.

Potete aumentare le vostre possibilità di successo nel lavoro freelance e nella gig economy valutando attentamente i possibili rischi e benefici e dimostrando professionalità e affidabilità.

# CAPITOLO 2: PASSI PER INIZIARE A FARE SOLDI VELOCEMENTE.

Nell'attuale congiuntura economica negativa, molti studenti universitari faticano a far quadrare i conti a causa dell'aumento delle tasse universitarie e delle spese complessive per la vita. Non è un segreto che molti cerchino soluzioni semplici e veloci per guadagnare di più. So che gli studenti universitari sono in genere in cima a questa classifica.

In questo capitolo, discuterò un approccio rilassato per fare soldi velocemente che chiunque, specialmente gli studenti universitari, può applicare. Questo approccio può essere utilizzato per guadagnare migliaia di dollari al mese. Va detto che la strategia che sto per descrivere può essere utilizzata per guadagnare molto di più di qualche dollaro in più.

Iniziamo subito questa procedura. Il bello di questa situazione è che non venderemo nulla. Quello che faremo è generare lead per le aziende. Saremo ricompensati per ogni lead che invieremo a queste aziende. Guadagneremo denaro facendo compilare ad altre persone dei brevi moduli con la richiesta di altre informazioni. È così semplice.

Questa strategia di marketing è nota come marketing CPA (costo per azione). Come detto in precedenza, so che può sembrare piuttosto semplice, eppure alcuni individui si guadagnano da vivere solo con le offerte CPA.

Ci sono molte opportunità di CPA che sono intimamente legate agli studenti universitari. Ciò significa che potrebbero essere disponibili opportunità per ridurre il debito degli studenti o per ottenere borse di studio che aiutino a pagare le spese. Come possono gli studenti universitari trarre profitto da tutto ciò?

Queste offerte sono tipicamente associate a un alto tasso di conversione, che si traduce in entrate sostanziali.

L'approccio!

Innanzitutto, dovrete registrarvi presso una società di CPA. Alcune aziende richiedono l'approvazione prima di promuovere le loro offerte, ma molte altre non lo fanno. Basta fare una ricerca su Google per "top CPA networks" e si troveranno molti risultati.

Potete anche cercare "reti CPA non approvate" o "come farsi approvare da una rete CPA". Credetemi, non è così complicato. Non fatevi scoraggiare da questo passo fondamentale.

Una volta creata una rete, dedicate un po' di tempo a individuare le offerte che possono interessare gli studenti universitari. Questa operazione dovrebbe richiedere solo pochi istanti. Assicuratevi di esaminare il compenso e di verificare che sia adeguato. Direi che qualsiasi cifra superiore a 4 dollari può andare bene.

L'offerta selezionata avrà un link di tracciamento lungo e antiestetico. Questo collegamento deve essere accorciato, o in altre parole, la sua bruttezza deve essere nascosta. Ci sono vari modi per farlo, ma per farvi risparmiare tempo e denaro. Vi illustrerò un metodo efficace e gratuito.

Portate il vostro URL di tracciamento sul sito bit.ly. Qui, renderete il vostro collegamento più breve e più allettante. Potete anche modificare questi link per farli corrispondere all'offerta CPA.

Create o procuratevi un semplice volantino per promuovere l'offerta. Assicuratevi che sia semplice e accattivante. Assicuratevi di aggiungere il vostro link di tracciamento abbreviato durante la progettazione. Sono disponibili online molti programmi gratuiti per la progettazione di volantini, oppure potete chiedere a un amico di crearne uno per voi. Se tutto il resto fallisce, potete andare sul fantastico sito di Fiverr e pagare 5 dollari per crearne uno.

Fase 5: per prima cosa, stampate almeno 100 volantini. Potete usare la vostra stampante o portare il documento a un servizio di stampa relativamente economico.

La fase 6 consiste nel distribuire con cura questi volantini nei luoghi in cui le persone li vedranno. Un'ottima strategia è quella di aspettare la fine delle lezioni e distribuire i volantini su ogni banco vuoto. Assicuratevi anche di esporli nelle bacheche del campus.

Gli studenti universitari possono utilizzare questa strategia per fare soldi con pochi costi di avviamento e poco tempo a disposizione. Esiste una pletora di offerte che si possono proporre, e molte di queste hanno tariffe remunerative per ogni lead. Esistono modi legittimi per fare soldi nel mondo. Basta agire.

# CONCLUSIONE.

Oltre alle scelte elencate e spiegate in precedenza, come i lavori part-time nel campus e i lavori freelance, gli studenti universitari hanno altre opportunità per fare soldi velocemente.

Ad esempio, la vendita di prodotti o servizi online è un modo fantastico per convertire i propri interessi o le proprie competenze in entrate. Può essere sufficiente creare un negozio online per vendere oggetti fatti a mano o unici o offrire i propri servizi come tutor, scrittori o designer.

Partecipare a sondaggi e focus group retribuiti è una seconda alternativa per gli studenti universitari. In qualità di studenti universitari, potete partecipare a queste occasioni per guadagnare denaro extra, poiché molte aziende sono desiderose di pagare per le opinioni e le intuizioni dei clienti.

Affittare una stanza o una proprietà su Airbnb è un'altra alternativa per gli studenti universitari in cerca di denaro veloce. Se avete una stanza libera a casa vostra o in una proprietà, ma non la usate spesso. Potreste guadagnare soldi extra affittandola ai viaggiatori. Questo potrebbe essere un ottimo modo per compensare l'affitto e altre spese.

Partecipare a studi clinici dietro compenso è un'altra opzione per gli studenti universitari che vogliono guadagnare rapidamente. Questi studi cercano principalmente persone sane che partecipino a ricerche mediche e di solito vi compensano per il tempo che dedicate.

Prima di impegnarsi in uno studio clinico, è essenziale essere informati dei pericoli che comporta e fare ricerche approfondite sull'azienda o sull'organizzazione che conduce lo studio.

Infine, gli studenti universitari possono guadagnare velocemente dando ripetizioni o istruendo altre persone. Potete offrire i vostri servizi come tutor o istruttore se siete specializzati in un settore specifico o se possedete un'abilità che potete insegnare agli altri. Questo può essere un modo rapido per fare soldi extra e allo stesso tempo assistere gli altri nel loro sviluppo personale.

Gli studenti universitari hanno molte possibilità di guadagnare rapidamente. Che si tratti di un impiego part-time all'interno del campus, della possibilità di lavorare come freelance o di vendere beni o servizi online, esistono diverse possibilità che si adattano ai vostri interessi e alle vostre capacità.

Spero che questo libro vi abbia fornito informazioni e motivazioni utili per valutare le vostre possibilità di guadagno extra come studenti universitari.

Competenze gestionali per manager.

1. Gestione del tempo per manager
2. Coaching dei dipendenti per dirigenti
3. Team building per manager
4. Fiducia in se stessi per dirigenti
5. Abilità di negoziazione per manager
6. Abilità di servizio al cliente per manager
7. Assertività per manager
8. Galateo commerciale per manager
9. Capacità di ascolto per manager
10. Capacità di leadership per manager
11. Abilità comunicative per manager
12. Abilità di presentazione per manager
13. Gestione dello stress per manager
14. Processo decisionale per manager
15. Gestione dei conflitti per manager.

Serie: Libertà finanziaria a qualsiasi età.

- Raggiungere la libertà finanziaria a 20 anni
- Raggiungere la libertà finanziaria a 30 anni
- Raggiungere la libertà finanziaria a 40 anni
- Raggiungere la libertà finanziaria a 50 anni
- Raggiungere la libertà finanziaria a 60 anni
- Raggiungere la libertà finanziaria a 70 anni e oltre.
- Raggiungere la libertà finanziaria nei bambini
- Raggiungere la libertà finanziaria negli adolescenti
- Raggiungere la libertà finanziaria negli studenti universitari.
- Truffe finanziarie da cui stare attenti in pensione.

Serie: Finanza personale per voi.
- ➢ Comprare e vendere criptovalute per principianti
- ➢ Perché investire in azioni a dividendo ha senso.

Serie: Ricchezza 2022.

- ➢ Imprenditorialità online.
- ➢ Avviare un'attività in proprio
- ➢ Gestione della ricchezza
- ➢ Reddito passivo.
- ➢ 12 passi per avviare un'attività in proprio.

Serie: Servizio clienti eccellente.
- ➢ Servizio clienti eccellente nella vendita al dettaglio
- ➢ Servizio clienti eccellente nei fast food
- ➢ Servizio clienti eccellente in un ristorante a servizio completo
- ➢ Servizio clienti eccellente nell'insegnamento.
- ➢ Servizio clienti eccellente nel settore immobiliare
- ➢ Servizio clienti eccellente in un call center
- ➢ Servizio clienti eccellente come receptionist
- ➢ Servizio clienti eccellente in un hotel
- ➢ Servizio clienti eccellente nella vendita
- ➢ Servizio clienti eccellente in qualsiasi situazione.
- ➢ Servizio clienti eccellente in uno studio dentistico

- Servizio clienti eccellente in uno studio medico.

Serie: Soldi veloci.

- Soldi veloci in una settimana
- Soldi veloci in un weekend
- Soldi veloci in un mese
- Soldi veloci per studenti.

Serie: Come promuovere.

- Come promuovere il libro di ricette
- Come promuovere un libro per bambini.

Altri libri di D.K. Hawkins.

- Come far prosperare l'azienda durante la recessione
- Creare un plusvalore per i clienti
- Riconoscere le opportunità per aumentare il flusso di cassa.

Biografia dell'autore

D.K. Hawkins. A D.K. piace leggere libri di economia personale e passare il tempo all'aria aperta. Altri libri verranno aggiunti a questa raccolta, quindi vi invitiamo a seguirci su Amazon per altri libri.

Grazie per aver acquistato questo libro.

Lo apprezzo sinceramente e apprezzo lei, il mio eccellente cliente.

Dio vi benedica.

D.K. Hawkins.